SUR LE CHEMIN DES CATHÉDRALES

Henri d'Anselme

SUR LE CHEMIN DES CATHÉDRALES

Fayard

ISBN : 978-2-213-73107-0
Dépôt légal : Décembre 2024

À ma mère.

« Je vous le dis, s'ils se taisent,
les pierres crieront ! »

Luc 19-40

Mon chemin des cathédrales

Le jour où ma vie a basculé

Je m'oppose à un agresseur armé d'un couteau après qu'il a blessé gravement six personnes, dont quatre enfants en bas âge. Sans que je demande rien, ma vie bascule.

Alors que je ne suis qu'un marcheur anonyme en quête d'absolu, je deviens du jour au lendemain un personnage public. Suivi sur les réseaux sociaux ; recherché par les médias ; interpellé par le grand public ; interrogé par ma génération.

Qui êtes-vous ? Pourquoi faites-vous ce tour de France des cathédrales ? Que ressentez-vous depuis que vous êtes devenu le « héros au sac à dos » ?

J'ai écrit ce livre pour répondre à ces questions.

Pour raconter mon périple au chevet des 180 cathédrales qui maillent notre territoire.

Pour partager mes élans et mes exercices d'admiration face à ces géantes de l'architecture.

Pour lancer un appel à les redécouvrir et les faire rayonner.

Parce que nous le leur devons. Elles veillent sur nous depuis des siècles. Ouvertes à tous, elles rayonnent d'une énergie prodigieuse, gratuite et fortifiante. Plus encore. Elles permettent à tous ceux qui le veulent de découvrir un absolu, en échappant à la pesanteur terrestre.

Nos cathédrales ont une histoire à transmettre, une vocation à diffuser, une espérance à partager.

Au détour d'une époque troublée, où règnent la colère, la médiocrité et la peur, elles donnent rendez-vous aux Français et leur enjoignent de se dépasser. De retrouver générosité et grandeur.

Témoins inébranlables de la corruption des siècles comme des plus beaux destins, elles sont le roc des gloires que l'on retient. Elles recèlent toutes en leur sein la réponse à la terreur des hommes. Elle tient en un petit bout de pain.

À l'image de leur flèche qui monte droit vers le ciel, les cathédrales nous redonnent le goût de la transcendance. Elles ne prônent pas un monde de fraternité horizontale. Elles militent par leur silence majestueux pour un dépassement vertical.

Suivons leur exemple, changeons de repères ; levons la tête et portons notre regard au-delà de l'horizon. Nous verrons apparaître la flèche de la plus belle des cathédrales, celle de l'Espérance.

Pendant neuf mois, j'ai marché d'une cathédrale à l'autre ; vécu avec des hommes et des femmes que je n'aurais jamais rencontrés si je n'avais pas pris ces chemins de traverse. Je suis parti écouter le murmure de notre civilisation dont nos vieilles pierres résonnent, et jouir des chefs-d'œuvre qu'elles offrent à tous les regards. J'ai appris à tailler la pierre, j'ai prié au pied des autels, des châsses, des reliquaires et des gisants qu'elles abritent.

Ma foi s'est ressourcée dans la beauté, celle qui sauvera le monde.

Mais j'écris surtout pour donner.

Parce que j'ai beaucoup reçu, et qu'il est l'heure que je transmette.

Cathédrale Notre-Dame de Paris en feu

Chapitre 1

Notre-Dame de Paris brûle

Rien dans l'atmosphère parisienne de ce 15 avril 2019 n'aurait pu prévenir du drame qui va émouvoir le monde.

Paris vaque. Les touristes à leur insouciance, les autres à leurs préoccupations.

Le bourdonnement superficiel de cette ville-monde ne me dérange plus. Depuis trois ans, au milieu de ce brouhaha habituel, je suis devenu un rouage dans une mécanique complexe de routines. Combien de destins croisés en une journée au sein de cette cité de l'amour et de l'orgueil ? Jamais la question ne m'effleure l'esprit. Ce ne sont pas des considérations qui envahissent les pensées d'un jeune étudiant en lutte avec ses livres et ses dissertations. Elles me viendront à l'esprit plus tard. Lorsque, devenu vagabond, la route deviendra ma compagne, l'aventure mon seul horizon. Une succession d'événements et de rencontres me feront alors réfléchir sur la condition de l'Homme. Et avec, tout son cortège de doutes et d'exaltations.

En cet après-midi d'un printemps parisien, mon destin joue ses premiers accords. Il va converger avec celui de beaucoup d'autres au pied d'une géante de pierre, que l'on appelle Notre-Dame et qui garde la Cité.

Une notification vient de tomber sur l'écran de mon téléphone. Par réflexe, je l'efface sans la regarder. J'ai mieux à faire.

Me concentrer dans la descente effrénée de l'escalier du RER. Deux marches par deux. Puis trois par trois. Je déteste traîner dans les couloirs souterrains de la capitale. Les autres voyageurs sont pour moi des obstacles. Il faut les doubler, impérativement, et surtout ne jamais se laisser ralentir.

Le compte à rebours en minutes sur les écrans d'affichage est une épée de Damoclès. Non pas parce que je vais rater un train qui retardera mon retour à la maison – il y en aura un cinq minutes après de toute façon –, mais parce qu'il y a une véritable humiliation à voir la porte de la rame se fermer sous son nez.

Ces écrans me narguent dans un mauvais défi que je m'oblige à relever. Comme beaucoup de Parisiens, les conditions de transport dans le métro décident de mon humeur pour le reste de la journée. Pourtant, ce jour-là, je cours sans avoir conscience de ce qui m'entoure. Une urgence vient me saisir. Un mauvais pressentiment. Certainement provoqué par cette notification que j'ai entraperçue.

Une fois assis dans le RER A en direction de la banlieue ouest, une autre notification m'attire. Il s'agit du même message. Cette fois-ci je clique dessus, en même temps qu'un frisson désagréable parcourt ma colonne vertébrale. « Notre-Dame de Paris brûle ».

Le SMS est aussi ravageur que glacial. Il est accompagné d'une photo. On y voit la cathédrale depuis les toits du quartier latin sur la rive gauche de la Seine. Un énorme échafaudage chevauche sa toiture et ceinture sa flèche d'où s'élève un épais nuage de fumée grise. On devine tout juste la couleur orange des flammes. Cependant, on comprend immédiatement le tragique départ de feu dans un monument ancien et que l'on devine somme toute fragile. Il est à peine 19 heures, et jamais le vacarme étouffant du RER ne m'a semblé si à propos.

À mesure que je suis la progression de l'incendie, il est difficile d'exprimer l'émotion qui m'étreint. Un mélange de stupeur, d'effroi et d'incompréhension. Il m'est impossible d'y croire. Toutes les raisons du monde s'opposent à un tel accident. La beauté, l'âge, le symbole de l'édifice sont trop importants pour qu'un facteur accidentel aussi banal qu'un incendie puisse le détruire.

J'essaie de relativiser, de me rassurer.

Les pompiers seront vite sur place. De nombreuses personnes sont présentes, elles doivent déjà agir pour contenir ce qui ne semble être pour le moment qu'un départ de feu. Il y a certainement un effet d'optique, la fumée n'est peut-être pas si importante. La cathédrale parisienne, monument historique le plus célèbre d'Europe avec ses 13 millions de visiteurs annuels, possède obligatoirement un système anti-incendie efficace.

Et puis il y aurait de l'injustice. Un tel écrin de beauté, siège d'histoires et de symboles mondialement connus, ne peut être sujet à la corruption du temps. Fût-ce un incendie. Ce sentiment de faiblesse exprimé par la fumée m'est insupportable. Nul n'a le droit de toucher à Notre-Dame.

Pourtant, la réalité s'impose. La frénésie incendiaire ne s'embarrasse pas de mes états d'âme. Ce n'est plus la simple photo d'un panache de fumée que j'ai maintenant sous les yeux : la charpente entière, vieille de huit cents ans, s'est transformée en torche géante et sidère en direct les journalistes de télévision de France et bientôt du monde entier.

Une fois rentré chez moi, je rejoins ma famille agglutinée devant un écran d'ordinateur. Nous n'avons pas de télévision, question de principe pour nos parents. Il est donc rare de suivre ensemble des événements d'actualité. Nous sommes tous hypnotisés par le drame qui se joue. La tristesse marque le visage de ma mère, et mon père, d'habitude détaché, semble lui aussi affecté. Mes frères et sœurs se bousculent dans le canapé pour voir au mieux la danse infernale des flammes dans le ciel parisien. La dernière de la fratrie, Laetitia, âgée de sept ans, écrabouillée entre deux d'entre nous, n'ose même pas se plaindre. « Mais où sont les pompiers ? » demande-t-elle en retenant un sanglot.

Il est vrai qu'on les voit à peine. Des petits points brillants qui tentent désespérément de s'élever aussi haut que le brasier avec leur longue nacelle. Ils projettent de toute la puissance de leurs lances des jets d'eau qui semblent dérisoires face à l'ouragan de flammes et de braises. À plus de 35 mètres au-dessus de leurs têtes, c'est une étonnante et immense structure de chênes presque millénaires, surnommée la Forêt, qui est engloutie par l'incendie. Petit à petit, la chape de plomb de plus de 210 tonnes qui la recouvre fond et s'écoule par la gueule ouverte des gargouilles sur le pavé de l'île de la Cité. Un vomi infernal qui me donne tout de suite une impression d'apocalypse, de fin du monde. La cathédrale Notre-Dame s'immole par le feu au nom de je ne sais quel sacrifice. Déjà, des milliers de Parisiens hébétés s'agglutinent sur les quais de la Seine pour la soutenir.

Pourtant, derrière mon écran, j'y crois encore. Les journalistes nous annoncent que plus de quatre cents pompiers sont maintenant déployés. Des renforts viennent depuis les casernes de la banlieue parisienne. Je piétine. Ma consternation a fait place à une certaine fébrilité. Je veux bondir, et rejoindre les soldats du feu qui, sirènes hurlantes, se lancent à l'assaut d'une métropole bouchée. Se frayer un chemin en plein cœur de la capitale est déjà une cavalcade héroïque. J'aurais alors tout donné pour être à leurs côtés.

Mon corps est tendu vers leur effort. Le temps est compté ! Je me ronge les ongles. Il ne faut pas que la flèche s'écroule.

Il est 19 h 50. Dans un craquement épouvantable, la haute structure de bois et de plomb dominée par la flèche, qui faisait l'honneur d'une cathédrale et l'orgueil d'un patrimoine, s'effondre. Autour, les milliers de Parisiens sont saisis de stupeur, et nous avec. Même les pompiers s'arrêtent un instant pour lever la tête, médusés. Ils reprennent tout de suite le combat, plus acharnés que jamais pour sauver ce qui peut l'être encore. Ce maudit brasier ne les découragera pas.

Le choc de la chute de la flèche, entraînant avec elle la voûte de toute une travée de la nef, se répercute dans notre salon comme dans tous les foyers de France. Plus personne n'ose parler. Une angoisse sourde me serre la gorge et m'empêche de déglutir. Et si Notre-Dame était vraiment condamnée ? Et si nous allions perdre ce joyau de l'art gothique, édifice sacré, cathédrale construite par nos ancêtres et transmise dans le temps comme un bijou offert à la civilisation ? C'est ce que nous expliquent les experts convoqués en urgence sur les plateaux télévisés. Sans le poids de la flèche et de la charpente qui disparaît, ce sont les murs maintenant qui menacent de tomber.

Je suis marqué par la ferveur que suscite spontanément l'incendie autour de la cathédrale. À la télévision nous voyons des milliers de Parisiens qui se massent près de la cathédrale pour la regarder et l'accompagner dans son agonie. Moralement et spirituellement. Beaucoup prient, d'autres chantent, comme pour accompagner un proche dans ses souffrances et alléger sa peine. Le monde pleure.

C'est étrange, ce n'est pas quelque chose que nous voyons habituellement sur les écrans. Les réseaux sociaux s'emballent. Des témoignages d'affection commencent à arriver de toute la France, et du monde entier.

Je sens que quelque chose se déclenche dans notre inconscient. Nous sommes tous unis par la même souffrance, celle de voir un trésor commun, qui nous a nourris et nous a fait rêver, disparaître d'un coup. Je suis impressionné de voir la façon dont ce sentiment est partagé par tous, et bien au-delà de nos frontières. Au point que je ne suis pas surpris de voir Emmanuel Macron, président de la République, apparaître au pied de la cathédrale avec l'archevêque de Paris, monseigneur Aupetit. Le Président devait faire une allocution politique ce soir-là dans les médias. Naturellement, elle est annulée. Sa place est avec les Parisiens au pied de notre grande dame en train de mourir. Ce qu'elle représente vaut bien plus qu'une allocution, qu'un programme ou qu'un régime. Nous savons que c'est une œuvre de civilisation qui est en train de disparaître, et tous ses trésors avec.

Le feu se propage à l'intérieur par les immenses braises que sont devenues les poutres presque millénaires, écrasées sur le dallage en damier de la cathédrale.

Tout un ensemble d'œuvres d'art, de peintures, de statues et de reliques risque d'être détruites ou irrémédiablement abîmées si le mobilier en bois prend feu à son tour. Autant de trésors qu'il faut sauver !

C'est ce que tente de faire un commando de pompiers aidés et dirigés par le régisseur de la cathédrale et des conservateurs du patrimoine, arrivés en urgence sur place.

*

Notre-Dame possède en son sein quelques-uns des plus précieux témoignages de notre histoire. Des reliques inestimables pour tous les chrétiens du monde, soit un tiers de l'humanité. La plus impressionnante et la plus précieuse d'entre elles est la couronne d'épines du Christ, enfermée dans un reliquaire au fond de la cathédrale, dans sa chapelle axiale.

Elle a été rapportée de Venise au XIIIe siècle par un des plus grands rois que nous ayons connus dans notre pays. Louis IX, dit Saint Louis, a dépensé plus de la moitié du trésor du royaume pour l'acquérir. C'est une des dernières reliques de Jésus-Christ encore en bon état à l'époque.

Par son rachat, Saint Louis a contribué à la sauver, car elle a été hypothéquée par Baudouin II, roi de Constantinople, en manque d'argent, pour un prêt auprès des Vénitiens. Louis IX a offert à la France ce qui est considéré à l'époque comme le dernier grand témoignage matériel de la vie et de la Passion du Christ.

Dans une magnifique procession, les Parisiens ont pu voir leur roi en tunique blanche, pieds nus, porter la relique avec son frère et la déposer au pied de la statue de la Vierge à l'Enfant dans la cathédrale encore naissante.

Saint Louis fera ensuite construire un autre joyau, la Sainte-Chapelle, reliquaire géant destiné à accueillir la Couronne d'épines. Elle y reposera pendant des siècles avant d'être déposée quelques centaines de mètres plus loin, dans la cathédrale, en 1801, après la signature du Concordat entre Napoléon et l'Église. En 1806, l'archevêque de Paris l'affectera définitivement au Trésor de Notre-Dame.

Cette relique, j'ai eu l'occasion de la vénérer dans la cathédrale quelques jours avant l'incendie. Que l'on appelle cela coïncidence, hasard, destin, Providence ou quelque chose d'autre, mon passage à la cathédrale le vendredi 5 avril n'est pour moi pas du tout anodin. Je le vis maintenant comme une sorte de cadeau, peut-être pour me préparer à ce qui arrivera par la suite en me faisant goûter une dernière fois à la majesté de l'édifice.

Les premières semaines du mois d'avril tombent en 2019 pendant une période liturgique importante.

C'est le temps du carême, pendant lequel les catholiques se préparent spirituellement à la fête de Pâques, qui n'est rien d'autre que la fête de la Résurrection du Christ trois jours après sa crucifixion. La fête de la victoire de la vie sur la mort, de la miséricorde sur le mal. La fête la plus importante de l'année pour toute la chrétienté.

Cette préparation spirituelle se fait habituellement en suivant plusieurs directives mises en place par l'Église. Outre l'obligation de jeûner le Vendredi saint (celui qui précède le jour de Pâques) et de restreindre notre consommation de viande les autres vendredis, il est demandé de travailler la vie de prière et de développer nos vertus par la prise de bonnes résolutions.

Croyant, catholique pratiquant, je suis censé faire un carême engagé. Or, ce n'est pas le cas. Étudiant affamé, profitant de la générosité de la cantine du Crous, le jeûne est loin d'être une préoccupation. Quant à mes bonnes résolutions, elles se sont évaporées dès le lendemain du jour où je les ai prises.

Conscient de ma situation, et vaguement repentant, je profite d'un moment de liberté à la sortie de mes cours pour venir sur l'île de la Cité.

Pendant le carême, tous les vendredis, la Couronne d'épines est sortie de son reliquaire et est offerte à la vénération des fidèles sur un gros coussin rouge dans le chœur de la cathédrale. Encadrée par d'impressionnants messieurs revêtus de grandes capes blanc et rouge de l'ordre des chevaliers du Saint-Sépulcre, il est possible de s'en approcher et de venir l'embrasser. C'est ce que je suis venu faire. Je veux poser un geste significatif pour racheter mes insuffisances, et marquer plus intimement ma foi.

De temps en temps, ce genre de démonstration mystique me prend, comme héritée d'une longue lignée de traditions occidentales ancrées presque génétiquement en moi. Il peut paraître étrange au regard d'un passant non averti de venir embrasser un cercle de joncs tressés, enfermé dans un tube de verre, d'or et de pierres précieuses. Mais cet acte de vénération possède une réelle profondeur pour le catholique qui cherche à manifester extérieurement un amour et une dévotion qui par nature sont intérieurs et intimes.

Après avoir fini mes dévotions, je profite d'un long moment de visite solitaire. Il est vrai que la cathédrale mérite de lourds travaux de restauration.

La pierre est sombre, abîmée par les années, la poussière et la suie. Les vitraux ne laissent plus passer la lumière comme ils le devraient, et les peintures murales des chapelles du déambulatoire s'effritent. À l'extérieur, un imposant échafaudage est monté au niveau du transept, entourant la cathédrale, pour atteindre les hauteurs de la flèche. Les ouvriers sont en train de desceller et de descendre les immenses statues de bronze représentant les douze apôtres installées à la croisée par l'architecte Eugène Viollet-le-Duc, restaurateur de Notre-Dame au XIXe siècle.

Cette immense bâtisse de pierre, ou devrait-on dire de dentelle de pierre, a été achevée officiellement en 1345, après deux siècles de chantier. Elle ne cessera pourtant jamais d'évoluer à travers l'histoire, chaque époque ayant à cœur de marquer l'édifice de son empreinte. Les deux grandes modifications qui l'attestent sont la disparition du jubé[1] au tout début du XVIIIe siècle, et la reconstruction de la flèche en 1859 selon les canons néogothiques définis par Viollet-le-Duc. Il ne faut pas oublier les vitraux qui ont subi les aléas du temps et de l'infortune humaine : les plus anciens sont du XIIe et les plus récents du XXe ! Notre-Dame est un condensé du génie des bâtisseurs s'étalant sur presque neuf cents ans.

Même sombre et altérée par le temps et l'usage des hommes, sa majesté impose à tous un certain recueillement. Je n'échappe pas à cette règle. Ma visite se fait en silence.

Je contemple ces trésors, reliques sacrées, œuvres d'art, vitraux majestueux, ornements liturgiques, objets architecturaux, dans les moindres détails.

J'aime cette bâtisse dont je me sens proche depuis l'enfance. J'y suis venu plusieurs fois, lors de sorties organisées par mes grands-parents. Celles-ci commençaient toujours par une promenade en bateau-mouche, et s'achevaient invariablement par une glace ou un chocolat chaud.

Notre-Dame est la cathédrale que je connais le mieux, même si je n'en ai pas visité beaucoup d'autres. Bien qu'elle appartienne à tout un peuple, je peux

1. Pour le vocabulaire technique, voir page 245.

l'appeler « ma cathédrale ». Ou bien Notre-Dame des chocolats chauds et des petits enfants ; Notre-Dame des parents et des grands-parents ; Notre-Dame des Parisiens ; Notre-Dame de nos plus grandes victoires ; Notre-Dame des bossus orphelins ; Notre-Dame de nos plus fols espoirs. Autrefois Notre-Dame de Paris, aujourd'hui Notre-Dame-des-incendies.

Je l'ai aussi contemplée, il y a quelques années, lorsque, parée de lumière à l'extérieur, elle a offert aux yeux de centaines de milliers de touristes son message et son intimité. Fabuleux spectacle de son et lumière qui l'a honorée du doux titre de Dame de Cœur.

La voilà maintenant en face de moi, sur un écran, en train de se consumer. En ressentant la détresse de sa disparition, je comprends la profondeur de mon attachement. Les fibres de mon âme tremblent en même temps que les murs de pierre assaillis par les flammes. Il me faut lui rendre hommage, à elle et à toutes ses sœurs en France.

Au fond de moi, une vieille idée se réveille. Un rêve d'enfant ressurgit. Partant du cœur, il s'installe dans mon esprit comme une rengaine entêtante. Je me souviens d'un rire. Celui de ma mère, dans la voiture. Je dois avoir quatorze ou quinze ans. De but en blanc, sans une once d'hésitation, je lui annonce : « Maman, un jour, je ferai le tour des cathédrales de France, à cheval. »

Bien sûr, ma mère n'a pas compris le sérieux de cette déclaration. Pour elle, c'est encore un plan tiré sur la comète par son fils, ce doux rêveur. Cette parole d'adolescent ne vaut guère aux yeux des adultes qui ont déjà fait leur vie. Mais, ce soir du 15 avril 2019, elle prend une saveur particulière.

En quelques secondes, contemplant médusé le tourbillon de flammes dans lequel la flèche de Paris s'enfonce, je goûte la valeur de ce trésor et sa fragilité. Il faut qu'à mon tour je l'enrichisse et le transmette. Cette idée folle devient un projet. De mes larmes vient de naître une volonté. Grâce à Dieu, elle deviendra la plus belle aventure de ma vie.

Cathédrale Notre-Dame de Chartres

Chapitre 2

Il y a, quelque part, quelque chose à retrouver

Depuis que je sais marcher, je pèlerine.

La cathédrale Notre-Dame de Chartres m'a vu grandir. Je n'ai pourtant jamais habité dans cette ville, mais dans l'Ouest parisien, en contrebas du château de Saint-Germain-en-Laye. Seulement, tous les ans, nous partons en famille pèleriner sur les chemins de la Beauce, depuis Notre-Dame de Paris.

Rendre visite à cette géante, gardienne de Chartres, flottant sur l'immensité du grenier de la France, la Beauce, est une démarche vitale pour mon père. Il y voit un temps annuel de coupure et de ressourcement indispensable à toute la famille. Une façon de renouveler notre dévotion et de demander la protection du Ciel. Nous ne sommes d'ailleurs pas les seuls.

Un flot de dizaines de milliers de pèlerins se nourrissent chaque année au printemps de la même itinérance. La raison liturgique de ce pèlerinage est la fête de la Pentecôte. Une de ses inspirations est celle d'un grand écrivain, Charles Péguy, qui lui aussi a lacé ses chaussures pour implorer auprès de la Vierge Marie la protection de sa famille et de son fils malade.

Pour moi c'est surtout le prétexte de vivre une aventure avec mes frères et sœurs, et mes amis. Partir trois jours, dormir sous la tente, chanter toute la journée, parcourir des dizaines de kilomètres en mangeant des bonbons et en priant un peu. Longtemps, je n'ai pas bien compris la profondeur de cette démarche. Pourtant, elle m'a forgé. Et sera à l'origine de cette folle idée du tour de France des cathédrales.

Dans ma tête d'adolescent, c'est un rêve de chevalier. Un désir profond d'aventure et de conquête. Au fond de moi, je ne supporte pas l'idée de me limiter uniquement à la centaine de kilomètres séparant Notre-Dame de Paris à Notre-Dame de Chartres. Je veux découvrir mon pays, ses régions, ses paysages et ses trésors. Comprendre qui sont les Français ; parler avec eux. Un pays c'est un peuple et une terre, imbriqués l'un dans l'autre.

Je rêve de devenir explorateur. Cependant, comme on m'a fait comprendre très tôt à l'école que tout avait déjà été découvert dans le monde, certainement pour me faire redescendre sur Terre, il me faut trouver un voyage qui vaille la peine. Explorer – presque – toute la France est un projet à la hauteur de mes ambitions.

Les cathédrales deviennent alors un prétexte parfait. Et cela pour plusieurs raisons.

Il y en a partout, uniformément réparties sur le territoire. Comme je n'en ai pas trouvé de liste exhaustive, je dois la faire moi-même.

J'ai ouvert Google Maps et, région par région, je suis allé à leur recherche. À la fin, sur la carte de France, cela fait une moisson de petits points bleus enregistrés. Plus de 180 édifices qui n'attendent que ma visite, prêts à me livrer leurs secrets.

Une cathédrale est une église qui possède en son sein la cathèdre. Il s'agit du siège de l'évêque qui symbolise son autorité spirituelle et, jadis, temporelle. Elle est donc un titre que l'on donne à un édifice religieux pour marquer l'existence d'un diocèse, le territoire de l'évêque.

En France nous avons environ 90 diocèses, et autant d'évêques. J'ai compté pourtant le double de cathédrales. La France est un vieux pays, dont l'histoire est riche, profondément liée à celle de la religion catholique romaine. Notre système politique s'est construit en même temps que l'organisation formelle de l'Église. Les deux n'ont pas cessé de s'influencer l'un l'autre. Il a fallu l'Église pour fonder la France, avec le baptême de Clovis, comme il a fallu la France pour asseoir l'Église en Europe et dans le monde.

C'est en Gaule que l'évangélisation de l'Europe occidentale a vraiment commencé. De nombreux diocèses ont existé, et leurs territoires ont fluctué au cours de l'histoire.

Un des derniers à avoir modifié la carte de l'Église en France s'appelle Napoléon. Dans son travail titanesque de réorganisation du territoire national, il a voulu faire coïncider la carte des départements avec celle des diocèses. Ce projet, plus ou moins heureux en fonction des régions, a contribué à réduire le nombre des diocèses et à unifier leur répartition sur l'ensemble du territoire. Aujourd'hui, nous avons bien plus de cathédrales que de diocèses. Beaucoup d'évêques peuvent s'enorgueillir d'avoir plusieurs cathédrales : la principale, et les anciennes, souvent devenues cocathédrales.

*

À partir du XIe siècle, une sorte de frénésie constructrice se met en place. Une course à la grandeur qui en l'espace de quatre siècles nous fera passer de l'humilité des édifices préromans à la folie du gothique flamboyant.

La cathédrale de Chartres incarne parfaitement cet idéal. Lorsque nous y entrons, c'est un festival. Tout m'impressionne et me marque. Le gigantisme des proportions, en longueur, en hauteur, en largeur. Le labyrinthe au sol qui rappelle que la vie vertueuse est une longue quête. La richesse et le détail des sculptures. Notamment celles de la clôture du chœur, qui fait sa renommée.

Deux cents années de travail de la pierre pour en faire une dentelle immaculée. Cela en est presque irréel. Sur six mètres de haut et plus de 100 de long, cette clôture est un joyau représentant la vie de Jésus et de Marie en 40 tableaux. Lorsque les rayons du soleil traversent les vitraux pour venir frapper l'ensemble, l'agencement des formes et des couleurs transporte le visiteur ou le pèlerin en dehors du temps et de l'espace.

Les vitraux à eux seuls sont des chefs-d'œuvre. On m'a longtemps parlé du « bleu de Chartres », comme d'une couleur mystère presque impossible à reproduire aujourd'hui. Il est vrai qu'un bleu d'une telle profondeur ne se voit pas souvent. Tout dans la cathédrale respire la puissance artistique mise au service du spirituel. Chaque détail raconte une histoire, chaque sculpture fige un mystère, chaque rayon de lumière murmure une prière.

Dans ma tête d'enfant, l'association entre le pèlerinage et Notre-Dame de Chartres unit le monde des cathédrales et celui de l'aventure tout court.

Et puis j'ai la foi. Certes, à l'époque, c'est encore une foi d'enfant. C'est-à-dire enseignée et pas encore totalement personnelle. Pourtant je suis déjà intimement convaincu que Dieu existe. Que les cathédrales ont été construites pour Lui.

Nos ancêtres bâtisseurs avaient la foi. Ces merveilles d'art et d'architecture sont ce que le pays a peut-être fait de mieux pour Dieu. Elles sont la preuve que l'Homme, dans une quête de transcendance, a su dépasser ses limites pour se mettre au service de ce qui est invisible. Voulues comme des ponts entre la terre et le ciel, elles sont les témoins silencieux de la présence divine.

Je suis alors conscient de ce qui est en train de grandir en moi et qui me relie à ces édifices et leur histoire. Dans mon imaginaire, à ce moment-là, cela compte. J'ai envie de comprendre pourquoi je tremble d'émotion chaque fois que je franchis le portail d'une cathédrale.

Ce qui m'a toujours semblé phénoménal est la disproportion évidente entre la beauté et la complexité de ces édifices, et ce que je comprenais des savoir-faire et des techniques de l'époque.

Au primaire, en CM2, lors d'une sortie de classe, mon école nous a emmenés visiter le chantier de Guédelon, un château fort en Bourgogne construit selon les méthodes médiévales. Là, je découvre, fasciné, la manière dont les bâtisseurs taillaient la pierre avec précision, transformant les blocs bruts de calcaire en moellons ou en éléments finement sculptés. Mais aussi les cages à écureuil – ces grandes roues de bois actionnées par la force humaine pour hisser les matériaux –, le travail de la charpente, celui du fer, indispensable pour les outils, ou encore la poterie.

De nombreuses visites familiales au Puy du Fou m'ont également permis de plonger dans l'univers des artisans d'autrefois. Je peux rester des heures à regarder le sculpteur sur bois ou sur pierre travailler avec patience la matière pour lui donner la forme souhaitée.

Pourtant, tout cela ne parvient pas à me convaincre qu'il a été possible, en rassemblant tous ces artisanats, de construire des bâtisses aussi grandes et aussi belles que les cathédrales.

À cela s'ajoute une simple observation qu'un enfant est capable de faire : l'immense majorité des bâtiments construits aujourd'hui est dépourvue de charme, privée de formes et de sculptures, sans intention véritable, sans histoire et sans profondeur. Leur seule raison d'être est l'utilité, le confort ou la praticité.

En dehors de quelques réalisations, il n'y a plus la fantaisie, ni l'imagination dont j'ai un besoin ardent de me nourrir. Au moins, dans les cathédrales, j'arrive à me projeter. Elles sont une source infinie d'histoires merveilleuses et d'inspiration. Chaque visite est une aventure. Sous les voûtes et derrière les piliers se cachent d'anciens secrets, des créatures fantastiques, des personnages légendaires sortis des pages de l'histoire. Tout est prétexte à un récit épique ou à un mystère.

D'où vient ce besoin ? Je crois qu'il a été enraciné en moi depuis le début de mon éducation. Il me faut ici non pas fanfaronner, mais bien rendre hommage. Il y a des choses que l'on reçoit, dont on est tributaire sans l'avoir voulu, mais qui nous construisent. Aujourd'hui je me rends compte du trésor qu'est cet héritage transmis. Il repose sur un principe simple que tous mes éducateurs ont chéri et cherché à développer : ma capacité à m'émerveiller.

*

J'ai toujours été poussé à cultiver un esprit d'émerveillement. À la fois dans le scoutisme, le théâtre, la musique et le chant.

Galoper entre les arbres, dans les profondeurs des forêts de Marly-le-Roi, Saint-Germain-en-Laye et Rambouillet à la poursuite de Vikings, de maudits Anglais, de soldats allemands, de mafieux ou de cowboys. Prendre d'assaut des forts bâtis dans les arbres. Faire des raids. Veiller au coin du feu sous la voûte étoilée. Tout cela forge un imaginaire solide d'aventures, d'exploits chevaleresques, et d'idéaux : servir et transmettre.

Ces derniers ne m'ont jamais quitté, depuis une nuit où, à la lumière des torches, je prononce ma promesse devant le logis de la Chabotterie. Ce château au pied duquel le général Charette, chef des troupes vendéennes et royalistes, fut fait prisonnier par les colonnes des soldats fidèles à la République. « Sur mon honneur, avec la grâce de Dieu, je m'engage à servir de mon mieux Dieu, l'Église, ma patrie, et l'Europe ; à aider mon prochain en toute circonstances ». Existe-t-il un texte plus beau et plus profond pour un jeune homme de douze ans ? Est-on conscient à cet âge-là de l'ampleur d'un tel engagement, pour la vie ? Je crois que oui.

Parce que nous avons tout le loisir de le méditer et d'y goûter dans un cadre porteur de camaraderie franche, de rêves possibles et accomplis, d'épreuves surmontées, qu'il nous imprègne alors définitivement. Il n'est plus question de le trahir ; il est devenu un idéal. Et lorsque ce dernier s'affine avec le temps et se pare des délicatesses littéraires, artistiques et musicales, il devient un univers entier, incapable de s'éteindre, et avide de s'enrichir.

Pendant mes longues années de collège et de lycée, je hante les pupitres d'une chorale polyphonique. À mesure que ma voix mue et se stabilise, je passe d'alto à basse puis à ténor. Déchiffrer les partitions, suivre le jeu de mains du chef de chœur pour obéir à la plus petite variation de ton ou d'intensité, voilà un travail qui ouvre le cœur et l'esprit aux infinies sensibilités de l'âme humaine.

En même temps, je monte sur les planches des théâtres. Solliciter sa mémoire pour retenir les textes des plus grands auteurs ; se déguiser et jouer un autre que soi ; mimer des sentiments ou réellement les ressentir ; incarner une histoire et des personnages qui montrent plus que ce qu'ils veulent bien dire ; tout cela laisse intérieurement la place à l'autre.

Au cœur de ce foisonnement d'engagements, d'expériences, de créations artistiques et d'aventures, la joie demeure. Omniprésente. Elle naît de ce mélange tout en l'alimentant. Peu à peu, elle s'enracine et se consolide. Plus tard, face aux souffrances de la vie, elle deviendra un repère intérieur et une ligne d'horizon immuable.

Cette sensibilité au beau, ce goût du bon et cet amour du vrai m'ont surtout été transmis par les maîtres qui se sont dressés sur mon chemin, et qui m'ont fait l'honneur de me prendre par la main.

Les premiers d'entre eux, outre mes parents, sont mes grands-parents. Les quatre, toujours vivants, m'accompagnent chacun à leur manière de leur amour, de leur exemple et de leurs conseils. Je me souviens du regard intense de mon grand-père maternel. Calé au fond de son fauteuil, à côté d'une grande cheminée, il me dit cette sorte de maxime dont il ne rate jamais une occasion de la répéter à ses nombreux petits-enfants : « La plus belle seigneurie est la seigneurie de soi-même. » Celle-ci en dit plus que n'importe quel programme de *coaching* ou de développement personnel.

Nous transmettre le goût de l'exigence, le culte du grand, est certainement le plus beau cadeau que mon grand-père m'ait fait. Il le tient de l'héritage de plusieurs générations d'hommes et de femmes qui ont offert leur vie pour la France. En servant son administration, en s'engageant dans l'armée ou dans des associations d'intérêt général, ils ont été nombreux à y laisser leur vie, d'autres leur fortune. Mais aucun n'a renoncé à son honneur. J'en suis tributaire.

Cela s'appelle la tradition familiale. C'est une réalité qui ne pousse ni à l'orgueil ni à la facilité. Bien au contraire, elle oblige. Quant à ceux qui veulent détruire ce sentiment de noble attitude, ce sont de spécieux personnages, en quête d'un idéal qu'ils ne savent jamais conquérir, alors qu'il leur est aussi destiné.

*

Longtemps, la cathédrale fut pour moi une intuition. Pas encore une réflexion. Elle incarne, rassemble et symbolise cet héritage d'art, d'esprit et de cœur qui me nourrit. Pour autant, lorsque le temps vient des grandes orientations et des choix d'études, rien ne semble particulièrement retenir mon intérêt à l'idée de poursuivre une voie liée à l'histoire de l'art ou à l'architecture.

Je ne retrouve pas dans les différents choix que l'on m'offre ce qui bouillonne au fond de moi et qui fabrique les pierres de nos cathédrales : imprimer au monde ce sens du beau et du grand. Par un hasard que je ne m'explique toujours pas, et après une tentative ratée en classe préparatoire, je me retrouve en faculté de philosophie.

Pendant trois ans, à Paris, je plonge dans l'euphorie que donne le pouvoir du concept. Catégoriser, décrire, définir les choses du réel. L'étudiant que je suis découvre enfin un pouvoir lui donnant une emprise sur le monde. Je philosophe comme un bébé qui découvre qu'il peut crier. Sans modération, sur tout et partout. Je joue avec les syllogismes, et je me nourris de mes lectures de grands auteurs. Philosopher, c'est me rassurer. Me prouver qu'il est possible de soumettre le monde à une pensée, ou de traduire ce monde dans une pensée.

Ne me sentant aucune vocation d'enseignant, ni de chercheur, ni de penseur autoproclamé, je me résous à passer un diplôme plus concret pour pouvoir prétendre répondre aux critères attendus par le marché du travail.

La vie est bien faite. C'est une expérience salvatrice. En étudiant le management international dans la cité phocéenne, je goûte à l'instabilité du monde et à l'irrégularité de l'Homme. Dans le brouhaha de Marseille, je comprends alors vite que le réel ne cherche à faire qu'une seule chose : échapper aux catégories qu'on lui donne. Apprendre à faire du *business* c'est se contraindre à avancer sans absolu, à tâtons, dans l'incertitude des événements et des choix posés. Impossible donc d'avoir une emprise sur le monde, il se soustrait sans cesse à la mienne.

Confrontés au bazar de Marseille, les concepts de Paris me laissent un goût amer dans la bouche. Il faut alors me frotter à la seule chose sur laquelle je peux exercer un contrôle : moi-même.

Pour cela, il faut une épreuve à la hauteur. Comme une sorte de rite initiatique. Parcourir la France à la découverte de toutes nos cathédrales est bien plus qu'une simple césure. Ce voyage sera une initiation, un hommage, une mission.

Je m'assois à mon bureau, et j'écris. Il me faut formaliser la direction dans laquelle je veux aller. Deux questions s'imposent rapidement.

Pourquoi nos ancêtres ont-ils construit ces cathédrales ? Ces édifices purement religieux ne servent à rien. Ils ne sont d'aucune utilité première pour la société, et se sont toujours révélés être des gouffres financiers à travers les siècles. D'abord pour les construire, ensuite pour les entretenir et les restaurer.

Rien ne justifiait qu'un beau matin du XIIIᵉ siècle des hommes et des femmes se rassemblent pour réfléchir à un tel projet. Se lancer dans la construction d'un édifice aussi grand que leur imagination. Dessiner des plans sans même avoir les capacités techniques nécessaires à leur réalisation. Enfin, se jeter dans l'entreprise tout en sachant qu'ils n'en verraient jamais la fin, puisqu'un chantier de cathédrale peut mobiliser plusieurs générations de bâtisseurs. Quelle est donc cette mystérieuse volonté qui les a poussés ensemble vers de telles folies ? à l'échelle d'un pays, d'un continent ?

Ensuite, que disent de nous ces cathédrales aujourd'hui ? Comment nous inspirent-elles ? Je suis persuadé qu'elles nous adressent un message. Dans un monde où tout accélère, où nous sommes au bord de l'emballement, où nous n'arrivons plus à nous projeter au-delà de l'échéance de la prochaine élection, leur longévité est indubitablement une leçon qu'il nous faut retrouver.

Je ne pose pas ces questions uniquement à moi-même. Mais bien dans l'idée, après y avoir trouvé des réponses, de les partager et de les transmettre.

Je suis d'abord un garçon de ma génération. Né à la veille du troisième millénaire, un peu trop tard pour avoir vu la France sacrée pour la première fois championne du monde de football. Le smartphone ne m'est pas tombé dans la main, mais Internet et ses réseaux m'ont accompagné dès l'adolescence. Depuis toujours, je peux communiquer instantanément avec l'ensemble de la planète. Je n'ai jamais eu à chercher plus de quelques minutes la moindre information. Toutes les merveilles de l'art, de l'histoire, de la musique sont en trois clics sur mes écrans.

Cependant, malgré ces formidables outils de découverte, d'enseignement et de partage, je n'ai vécu que dans un monde qui ne connaît plus la paix. Tous les repères ne cessent de s'effondrer. Les identités disparaissent, les minorités s'affrontent, les individualités se dissolvent. Le pouvoir politique n'est plus qu'un arbitre au milieu d'une guerre larvée sans fin, condamné à prendre parti pour celui qui lui causera le moins de souci.

Pourtant on avait prédit à la génération qui précédait la mienne la fin de l'histoire et le triomphe de la démocratie libérale. Plus personne aujourd'hui n'est dupe de cette théorie. Tragiquement, et peut-être aussi ironiquement, nous prenons tous conscience, petit à petit, de l'ampleur des fractures qui parcourent nos sociétés.

Tout pousse à nous opposer. Les radicalités grandissent. Le juste milieu a disparu. La sagesse et la vertu, qui ne sont que des lignes de crête entre deux abysses, ne sont plus au goût du jour.

Au milieu de tout cela, une génération, la mienne, cherche à se reconstruire. Comme on l'a volontairement coupée de ses racines, elle erre entre tout ce qui brille et lui paraît digne d'un sacrifice. C'est une nouvelle guerre des dieux, entre faux idéaux.

Les uns ne jurent que par le sport, d'autres par le sexe ou l'argent. Certains se réinventent des identités et prétendent les imposer universellement aux autres. Beaucoup se réfugient dans des mondes imaginaires servis par une surabondance technique et digitale. Je souffre avec eux, j'ai goûté à ces chimères. Je suis aussi l'héritier de cette façade de civilisation.

Me voici à la recherche de repères et de causes. D'une sorte de but, d'un sens, certains diront d'une transcendance. Existe-t-il un destin ? Je crois que notre vie est conditionnée aux directions que nous lui donnons. Je comprends alors que la mienne sera celle d'une transmission.

Si je pars, c'est pour offrir aux autres ce que je découvrirai. Je ne l'envisage pas autrement. Ma quête des cathédrales ne sera pas qu'une aventure personnelle, mais bien une recherche d'idéal que je veux montrer et partager.

Si nous errons, c'est que nous avons perdu une direction. Quelle est-elle, où se cache-t-elle ? C'est ce que je veux découvrir. J'en ai la rage au ventre. Je ne supporte plus de me voir, de nous voir démunis et impuissants.

Il y a, quelque part, quelque chose à retrouver.

Abbaye Saint-Michel de Frigolet

Chapitre 3

Mes visites de cathédrales ne doivent rien au hasard

La date de mon départ est fixée au jour de la fête de l'Annonciation, célébrée le 26 mars 2023. Dans les évangiles, il s'agit du moment où l'archange Gabriel descend sur terre et vient annoncer à la Vierge Marie qu'elle va porter un enfant-Dieu. Elle devra lui donner le nom de Jésus. Cette fête se situe pour les catholiques neuf mois avant Noël, pour signifier les neuf mois de grossesse de la Vierge Marie. Ce sera la durée de mon aventure : neuf mois pour accoucher du message des cathédrales.

La veille du jour officiel de mon départ, j'ai la mauvaise idée de parcourir 30 kilomètres à pied dans une Provence qui se réveille doucement. Je dois rejoindre, depuis Gordes où un cousin m'a hébergé, mon lieu de départ officiel : l'abbaye Sainte-Madeleine du Barroux.

Perchée sur une petite montagne, elle est coincée entre le mont Ventoux et les Dentelles de Montmirail, une formation rocheuse spectaculaire qui se dresse comme des dents jusqu'à plus de 730 mètres de hauteur.

Le printemps vient à peine d'éclore, et déjà la chaleur se fait sentir pour le Parisien que je suis, encore peu habitué au climat provençal. Pourtant, mon objectif est de traverser l'une des régions les plus chaudes de France avant que l'été ne transforme toute marche en un supplice, risquant d'y laisser ma peau.

Au bout de quelques heures, je regrette déjà le nombre d'affaires emportées. Bien que j'aie tout fait pour optimiser le poids de mon sac, celui-ci pèse sur mes épaules comme un âne mort. Je dois dire mes sacs en réalité, puisque j'en ai deux. Un premier d'au moins 20 kilos sur le dos, et un plus petit de 5 sur le ventre. Ce sera ma signature.

De nombreuses personnes me feront des remarques sur le désagrément que cette combinaison doit engendrer. Dans les faits, elle ne me dérange pas. Le sac ventral vient équilibrer le corps en répartissant le poids. Sur le plan pratique, je peux y placer des objets du quotidien qui doivent rester facilement accessibles pour la marche, comme une gourde, un appareil photo, ou un peu de nourriture. Il ne s'agit peut-être pas d'une méthode idéale, mais j'en ai pris l'habitude à l'occasion de mes longues marches estivales. Enfin, ironie du sort, c'est la présence de ce petit sac sur le ventre qui donnera à mon aventure un tournant pour le moins inattendu.

Dès mes premiers pas vers le Barroux, je songe aux marches d'été qui m'ont préparé, sans que je le sache, au tour que j'entreprends.

Pologne, Croatie, Italie et Portugal ont été des pérégrinations d'anthologie. Je découvre avec des amis cette Europe recouverte du « blanc manteau d'églises ».

La Pologne, de Varsovie à Cracovie. Année des JMJ[1], souvenir d'une ferveur collective qui me prend aux tripes. La Croatie et son chapelet de monastères plongeant dans l'Adriatique. L'Italie sous un soleil de plomb. Toscane, Ombrie, Apennins. Des terres travaillées depuis des millénaires par la main de l'homme. Des cités anciennes qui murmurent encore l'histoire des siècles passés. Des ruines romaines tout le long des routes. De petites églises cachées aux murs recouverts de fresques du Quattrocento à couper le souffle. Le Portugal, de Porto à Fátima. Paysages ponctués de petits villages, chacun avec son église blanchie à la chaux.

À chaque pèlerinage, nous appliquerons le même mode opératoire : visites le matin, marches l'après-midi, puis recherches d'un logis avant la tombée de la nuit. Partout, nous réussirons notre pari de dormir chez l'habitant, savourant l'hospitalité de nos frères et sœurs européens. Ce sera désormais pour moi la meilleure façon de voyager. Joie des rencontres et de beaux moments de partage. Fierté de découvrir le

1. Journées Mondiales de la Jeunesse.

nombre important d'étrangers parlant admirablement notre langue.

Le Covid stoppera ce rendez-vous annuel. Nous n'avons plus le droit de partir à l'étranger. Que faire ? Direction le sud de la Loire. Les Alpes-de-Haute-Provence et le Var, des gorges du Verdon à Cotignac ; le Lot-et-Garonne à Rocamadour. Là, je prends conscience que la France est grande, belle et variée.

Après plus de huit heures de marche, j'arrive le 25 mars en fin d'après-midi à l'abbaye Sainte-Madeleine du Barroux. Je suis épuisé. Pour un premier jour, j'en ai trop fait. Sans bouder mon plaisir d'avoir retrouvé l'adversité de l'horizon à engloutir, je sens bien qu'il faut que je me modère pour jouer stratégiquement avec mon corps. Je ne pars pas pour deux ou trois jours de randonnée, mais bien neuf mois d'aventures. Ne dit-on pas « Qui veut voyager loin ménage sa monture » ? Ce ne sont pas des centaines mais plusieurs milliers de kilomètres à travers tout un pays qu'il me faudra vaillamment parcourir.

L'abbaye accueille une communauté bénédictine jeune et nombreuse. Ce sont les seuls moines que je connaisse qui portent encore la couronne de cheveux comme autrefois ou dans les films. Cette tonsure manifeste leur renonciation au monde ; ils s'engagent à vivre une vie de prière et de travail en silence. Pour autant, ils ne vivent pas isolés.

Il semble, au vu de la quantité de voitures garées sur le parking, qu'il y a de nombreux visiteurs. Cela ne me surprend pas. Je connais les lieux depuis plusieurs années, y étant déjà venu à l'occasion de retraites spirituelles.

C'est aussi pour cela que je l'ai choisie comme point de départ. Je sais que j'y serai accueilli, le père hôtelier connaît mon visage. Le site est paisible et beau. En cette fin de journée, tout respire le recueillement monastique.

Depuis les jardins de l'hôtellerie, je peux contempler les Dentelles de Montmirail et le mont Ventoux. Cette drôle de montagne solitaire et toute lisse se perd au loin dans une sorte de brume de chaleur.

Lorsque je sonne, personne ne m'attend. Je ne me souviens pas avoir averti de mon arrivée. L'hospitalité bénédictine ne faillera jamais. En deux temps et trois mouvements me voilà confortablement installé dans un immense dortoir. Je l'ai pour moi tout seul, dans des bâtiments neufs, quel luxe !

Lorsque la cloche sonne, c'est l'heure de l'office. Sans réfléchir, me voici dans l'abbatiale pour les vêpres, un livret dans la main, en train de déchiffrer les psaumes chantés en latin par la cinquantaine de moines en bure sombre. La fraîcheur des lieux me fait un bien fou.

S'ensuit, un peu plus tard, un dîner copieux mais simple, qui finit de me donner le sentiment d'être à la maison. Mon orgueil est malgré tout piqué au vif par l'absence de réaction du moine qui m'apporte mon repas lorsque je lui annonce la raison de ma présence et l'objet de mon périple. Il ne dit rien, comme si c'était normal. Après tout, des fous ou des paumés il a l'habitude d'en voir. Les abbayes sont des points de passage réputés pour toutes sortes de vagabonds, chrétiens ou non, en quête d'un Dieu ou d'un simple repas.

Le lendemain, à l'issue de la messe, je reçois la bénédiction du père hôtelier ; l'heure de mon départ a sonné. Je prends la direction du sud pour arriver à Carpentras dans l'après-midi. Là-bas m'attend ma première cathédrale. Il me faudra la visiter, et trouver en même temps un toit pour la nuit.

J'ai prévu tout ce qu'il faut pour dormir à peu près n'importe où, sauf dehors. Je n'ai pas de tente pour affronter la pluie. L'enjeu quotidien est celui d'un toit, d'un dîner, et d'une douche. Je n'ai pas beaucoup d'argent, juste de quoi me payer un déjeuner et encore ; je ne suis pas sûr de tenir plus de trois mois.

Intérieurement, ces questions matérielles m'occupent l'esprit. J'ai du mal à lâcher prise, à me laisser porter par la confiance qui entourera mes futures rencontres. Je sais qu'il faut accepter de s'abandonner, que cela viendra avec le temps.

Cependant, au cours de cette seconde journée de marche, la tension de trouver un logement me fera presser le pas pour arriver le plus tôt possible. Je ne pourrai pas compter sur l'hospitalité monastique partout.

Je m'élance. Le chemin serpente entre les champs d'oliviers et les vignes. L'air embaume déjà de lavande sauvage, de thym et de romarin. Des cyprès, sentinelles fidèles du paysage vallonné, veillent sur cette terre généreuse de couleur ocre. Lorsque je me retourne, la silhouette bleutée du mont Ventoux disparaît à mesure que j'avance, se fondant dans le ciel infini. Ici la nature règne en maîtresse. Quelques mas provençaux isolés et une vieille bergerie abandonnée, à moitié engloutie par la végétation, parsèment la campagne. Pas de grandes routes, ni de bruits de voitures.

Après quatre heures de marche, Carpentras me livre ses premières habitations. Pour ce premier tronçon, contrairement à la veille, les nuages sont de précieux alliés. La chaleur se fait moins sentir.

Les abords de la capitale du Comtat Venaissin ne me séduisent pas. Sa périphérie, comme malheureusement si souvent en France, est sans charme.

En revanche, une fois que je remonte vers le centre par des ruelles étroites et pavées, je découvre le cœur historique de la ville au charme provençal. Son architecture est marquée par des siècles d'histoire. Des maisons aux façades pastel côtoient des hôtels particuliers aux portes sculptées. Au détour des rues, je tombe sur la cathédrale. Dédié à Saint-Siffrein, un des premiers évêques bâtisseurs de la ville, l'édifice tranche avec tout ce que j'imaginais d'une cathédrale provençale.

Alors même que je m'attends à découvrir un monument de style roman, suivant l'idée que je me suis faite de la répartition des styles architecturaux en France, me voilà au pied d'un chef-d'œuvre gothique, certes discret, mais puissant.

*

Je dois, alors que j'entame mon odyssée hexagonale, présenter ma méthodologie de visite de chaque cathédrale. Elle ne doit rien au hasard. Je l'ai imaginée comme un rite pour les occasions où je serais seul, sans être accueilli. Ainsi mon émerveillement sera conservé chaque fois que je me trouverai face à l'une d'elles. En pénétrant dans ces temples de la démesure, j'ai cependant l'impression de rendre visite à une personne vivante.

Le plus souvent, je veillerai à ne pas chercher de photos au préalable sur Internet. De la même manière, j'aurai peu, voire rien, lu à son propos. Connaître son nom me suffira.

Premier exercice en arrivant, je dois deviner l'époque de sa construction. Est-ce une architecture romane, gothique, Renaissance, baroque, classique, néoclassique ou néogothique ? Au bout de quelques mois, je serai devenu imbattable.

Deuxième exercice : une fois entré dans la cathédrale, après de longues heures de marche, je me pose. Soit je m'assois un long moment pour observer la mesure de l'édifice. Soit je m'installe pour faire une sieste contre mon sac à dos. Au fond, entre deux bancs, dans une petite chapelle isolée, quoique sous le regard parfois désapprobateur de religieuses, Dieu que l'on dort bien dans le « château » du Père !

Ayant repris des forces, je suis alors prêt pour la grande visite.

Je remonte l'allée centrale ou les bas-côtés. Je veux jouir des perspectives. Celles qui nous emmènent loin et nous élèvent vers Dieu.

Je cherche les détails architecturaux : les voûtes, notamment les croisées d'ogives, parfois ornées de motifs complexes ; les sculptures des chapiteaux qui représentent des scènes bibliques ou racontent des histoires locales ; les labyrinthes au sol symbolisant le chemin spirituel complexe vers le salut ; les triforiums et les claires-voies qui, jouant avec la lumière et l'ombre, créent des effets visuels et des perspectives uniques à différentes heures de la journée ; et les vitraux, de la rosace aux panneaux, racontant la Bible et la vie des saints.

Je m'amuse des petits défauts de la cathédrale qui n'est jamais construite toute droite – jamais. On ne le voit pas à Notre-Dame de Paris. Pourtant l'arête des voûtes de la nef n'est pas rectiligne. Pour distinguer ces irrégularités, il faut éduquer son regard. Chercher les décalages des perspectives, notamment des bas-côtés.

Je poursuis en admirant les autels, les peintures, les sculptures et les vitraux.

Tout au long de ma visite, je me lance des petits défis ; deviner les époques, les styles, les écoles. À Metz, je me suis trompé sur la façade. Je la pensais gothique flamboyant, alors que j'avais affaire à du néogothique après qu'elle eut été reconstruite par les Allemands à la suite de la guerre de 1871.

Arrivé dans le transept, je me concentre sur le maître-autel, avant de gagner le déambulatoire ; la partie que je préfère. À partir d'elle, on accède à toutes les chapelles, dont la chapelle absidiale ; on y trouve les plus belles statues, les plus beaux décors et, généralement, les reliquaires. Nous sommes bien dans le cœur vivant de la cathédrale, là où l'on célèbre la gloire de Dieu. Quant à sa clôture, elle atteint des sommets de sophistication et de beauté.

Après avoir goûté au nectar de l'édifice, je redescends vers le fond où je pars à la recherche des informations mises à la disposition des pèlerins et des visiteurs.

Je dois avouer ma faiblesse pour la grandeur du gothique. Avec ses voûtes célestes et ses arcs-boutants, il défie la gravité, nous invite à aspirer au ciel. Il m'émeut par la finesse de ses détails, la lumière qui surgit des vitraux. Tout au long de mon voyage, je ne m'en lasserai pas.

Enfin, je suis touché lorsque je sens que la cathédrale, un lieu sacré par excellence, est habitée par une âme spirituelle. Qu'un effort particulier est mené par le clergé et les laïcs engagés pour en faire un lieu vivant. Une demeure de Dieu hors du commun, du temps et de l'espace.

On le sent dans les attentions qui sont données à son entretien, son éclairage, la sonorisation, la présentation des œuvres d'art et aux parcours proposés aux visiteurs. À la mesure de ces bâtiments hors norme, chacun de ces aspects est un défi à relever.

*

À Carpentras, la construction de Saint-Siffrein est achevée vers la fin du XVe siècle, après une commande du pape d'Avignon Benoît XIII. Elle remplace un édifice roman plus vieux, dont subsistent quelques traces dans les murs extérieurs.

Au moment où j'arrive, toutes les portes sont fermées. Ce n'est pas bien grave. Quelques kilomètres plus tôt, j'ai eu l'inspiration d'appeler la paroisse desservant la cathédrale pour prévenir de mon arrivée, et demander de l'aide pour trouver un logement. Dans le centre d'une cité comme Carpentras, c'est une perte de temps de faire du porte-à-porte. Je le ferai souvent dans les petites villes ou les villages, là où les gens sont susceptibles d'être ouverts à une telle demande.

Prévenu de mon arrivée, le père François me rejoint au pied de la cathédrale quelques minutes plus tard, pour m'ouvrir et me faire faire une visite complète du sanctuaire. Je suis étonné du temps qu'il prend pour m'accompagner et me guider, et je lui en fais part.

– C'est parce que ton projet est un peu fou. Cependant, il a du sens. J'aurais beaucoup aimé faire la même chose que toi. As-tu besoin d'un logement ?

C'est donc si facile. Je n'ai même pas eu le temps de formuler ma demande. Je m'exécute de bonne grâce et le suis dans ses déambulations et ses explications.

Le portail gothique flamboyant du XVe siècle est orné de sculptures représentant des scènes bibliques et des motifs végétaux finement ciselés. L'ensemble de la façade, avec ses arcs en ogive et ses ornements riches, contraste avec l'austérité de l'édifice.

À l'intérieur, je me recueille devant la châsse de saint Siffrein. Ce reliquaire, en argent et orné de pierres précieuses, renferme les restes du saint patron de la ville, évêque de Carpentras au VIe siècle. Il est conçu pour être porté en procession lors des grandes fêtes liturgiques, encore aujourd'hui. Si les églises ne sont plus fréquentées, il reste malgré tout une piété populaire qui n'est pas que du folklore. Pèlerins et fidèles viennent prier devant ce reliquaire pour obtenir des grâces ou des guérisons, me raconte le père François. Transcendance, quand tu nous tiens.

La cathédrale cache en son sein le secret de l'emblème de la ville : un blason rouge sur lequel se détache un mors à cheval (« de gueules, à un mors antique de cheval d'argent »). Ce mors, du IVe siècle, se trouve dans un reliquaire posé dans une des chapelles de la cathédrale. La légende raconte qu'il a été façonné à partir d'un des clous de la Passion du Christ, sur ordre de sainte Hélène, pour le cheval de son fils l'empereur romain Constantin. Les croisés l'auraient récupéré plus tard lors du sac de Constantinople à la fin de la quatrième croisade.

Je ne suis pas au bout de mes surprises, puisque le père, homme jovial avec qui la discussion roule sans s'arrêter, m'emmène dîner au restaurant après m'avoir installé dans une chambre au presbytère, grande bâtisse un peu sombre.

Pour un début d'aventure, je suis gâté. Le burger avalé me réconforte déjà de mes deux premières journées de marche. Si les futurs accueils sont aussi généreux, le périple risque de prendre une dimension agréablement surprenante.

Cette impression est renforcée par le sentiment que je me sens bien, ici, à Carpentras, dans le Comtat Venaissin. Serait-ce parce que ma famille en est originaire, après avoir été chassée de Florence au XIVe siècle par les Médicis, ces vilains banquiers ?

*

Ce tour de France est une aventure. Héritage de mes pèlerinages européens, je fonctionne sans plan de marche. Certes, je sais à grosses mailles l'ordre dans lequel je vais me déplacer d'une région à l'autre. Pour le reste, je déciderai le soir ou le matin, au réveil, de ma prochaine destination. Au-delà, je n'aime pas cela. Rien n'est organisé ? Génial ! Je veux cultiver l'imprévu. Sans contraintes, je suis heureux. Libre d'esprit, je goûte l'instant présent.

Je me sers d'une application sur mon téléphone qui présente une carte de France. En fonction des options que vous souhaitez, elle propose des itinéraires. Mes critères sont simples : je veux marcher en dehors des sentiers battus. Prendre les chemins les plus excentrés qui soient. Ceux des animaux sauvages – et oublier les hommes. Ma destination, ce matin-là, est Avignon.

Au départ, je traverse une mosaïque de vignobles, de champs et de vergers. Les amandiers et les cerisiers sont éclatants de blancheur et de rose printaniers. Le calme règne. À mesure que je me rapproche d'Avignon, ma route est de plus en plus urbaine et bruyante. Les villages, presque mitoyens, forment un chapelet. Souvent, les maisons ont leurs volets clos ; elles semblent endormies.

Surgit le Rhône, puissant, et la silhouette massive des remparts médiévaux. Datant du Moyen Âge, cet ouvrage monumental protège Avignon depuis des siècles. En le franchissant, je me sens transporté dans une autre époque. Comme dans ces jeux vidéo d'aventures médiévales auxquels j'ai consacré tant et tant d'heures adolescent.

La cathédrale Notre-Dame-des-Doms est mitoyenne du célèbre palais des Papes. Au premier abord, elle paraît écrasée par le palais qui la domine par sa taille et par la puissance que dégagent ses maçonneries brutes. Pourtant, l'édifice religieux conserve sa propre grandeur.

Notre-Dame-des-Doms est couronnée par une immense statue de la Vierge trônant sur un dôme posé sur son clocher. Cette figure maternelle dorée brille sous le soleil et veille sur la ville. Je crois que cette cathédrale est la seule de l'Hexagone à porter ainsi dans les nuées une statue de Marie sur son clocher.

Une fois à l'intérieur, je m'assois un long moment pour entamer ma découverte de la cathédrale. Pour l'admirer, m'en imprégner ; me poser ; me ressourcer.

Les voûtes en berceau ornées de fresques anciennes s'élèvent comme des ailes déployées. La lumière douce filtre à travers les vitraux, projetant des éclats de couleur sur les dalles froides. Le silence est à peine troublé par le murmure de la ville au-dehors, créant une atmosphère de paix profonde. C'est le moment que je choisis pour ouvrir ma Bible de Jérusalem, qui m'accompagnera pendant tout mon périple.

Le soir, la quête d'un logis sera longue. Il me faudra d'abord toquer à l'évêché. La réceptionniste, désolée, me dira qu'il n'y a plus de place pour les pèlerins de passage. Sur ses conseils, je me dirige vers l'extérieur de la ville, pour aller sonner dans un patronage tenu par les Petits-Gris, les frères de la communauté Saint-Jean, en habit gris. Je ne connais pas ces religieux, mais je les imagine appliquant, eux aussi, la règle de l'hospitalité.

Après avoir cherché leur prieuré un moment, je finis par découvrir un long bâtiment blanc posé au fond d'une cour. Je sonne au portail et attends patiemment. Au bout d'une heure, n'y tenant plus, voyant mon espoir de douche et de dîner s'amoindrir au fur et à mesure que le soleil se rapproche de l'horizon, je franchis la grille et me faufile dans la cour, jusqu'à la porte d'entrée qui est entrebâillée. Que le Ciel me pardonne cette incursion un peu sauvage, la perspective d'une nuit à la belle étoile ne m'enchantant guère.

Je tombe sur le frère Philippe. Il s'entretient avec une famille. Âgé, il est un peu sourd. Je lui explique ma situation et, à grand renfort de gestes, lui fais comprendre ce que je cherche. Heureusement pour moi, il me conduit sur-le-champ dans une chambre récemment refaite et aménagée. Il s'éclipse en s'excusant de son accueil, me laissant en toute confiance occuper les lieux.

En déballant mes affaires, j'ai le sentiment d'avoir réquisitionné le lieu de force. Je réfléchis à une manière de me faire pardonner auprès du religieux pour cette intrusion impromptue. Je n'en aurai pas l'occasion. Revenant quelques instants plus tard, il me salue et me souhaite bonne nuit, en m'expliquant qu'ils ont l'habitude de recevoir du monde de passage.

Décomplexé, je profiterai d'une douche bien méritée. Et je prie le Ciel de me donner tout le long de mon aventure des hôtes si faciles et des lieux si confortables.

Le lendemain, je prends pour de bon la direction du maquis provençal. Ma prochaine étape est l'abbaye Saint-Michel de Frigolet, cachée au cœur du massif de la Montagnette, au sud d'Avignon.

Cette quatrième journée de marche commence à avoir sur mon cerveau des effets aussi bénéfiques qu'inattendus. Petit à petit, au rythme des pas, mon esprit s'apaise et se détache du monde extérieur. La démarche pèlerine en ce sens est un bonheur. J'apprends à y goûter pleinement.

J'appréhendais de marcher seul. Mais la réalité est qu'au bout de quatre jours je m'y accommode. L'ennui n'existe plus, ou il se fait bon compagnon. Les petits bonheurs reprennent toute leur place. S'asseoir pour boire. Trouver une zone d'ombre, y poser le sac qui tire violemment sur mes épaules et souffler. Profiter du paysage, prendre le temps de l'inscrire profondément dans les yeux. Quelle joie !

Pendant cette première semaine, le moral sera au beau fixe. L'euphorie du départ y est certainement pour quelque chose. Ainsi que la perspective d'une longue aventure et son lot de découvertes quotidiennes : sensations, rencontres, surprises.

Alors que je me suis posé au bord d'un ruisseau, sur un petit pont à l'ombre de cyprès provençaux, un promeneur s'arrête et m'apostrophe. Je bégaie un bonjour timide, surpris par cette interaction impromptue.

La discussion s'engage rapidement et naturellement. Comme il veut comprendre ce que je fais ici, je lui explique ma démarche.

– Vous êtes nombreux à faire ce pèlerinage des cathédrales à pied ?

– Je ne connais personne d'autre.

– Il faut dire que c'est original. Vous allez être gâté en Provence, nous en avons beaucoup, et Dieu qu'elles sont belles. Bonne route !

Son enthousiasme instantané me marque. Un échange simple, rapide et sans filtre, qui me conforte dans mon projet.

Les gens sont sensibles aux cathédrales, et plus largement à la beauté du patrimoine religieux. Les témoignages en ce sens abondent dans toutes les discussions que j'aurai. Personne n'y est indifférent.

Cet attachement, je l'ai déjà expérimenté avec ma première vidéo publiée sur les réseaux sociaux avant mon départ. J'explique mon projet. Elle est devenue rapidement virale, notamment sur TikTok, puis, plus tard, sur Instagram. Ces réseaux sociaux utilisent des algorithmes qui mettent en avant les contenus dont l'interaction avec le public est forte.

Dans les commentaires de ma vidéo, tout le monde venait défendre sa cathédrale pour la présenter comme la plus belle et m'inviter à venir la visiter. Une marque forte de chauvinisme français peut-être, mais surtout une manifestation d'amour et d'enracinement qui fait chaud au cœur.

Je me nourris de cet enthousiasme. Je m'en sers pour amener le petit public que je commence à avoir sur mes pages Instagram, Facebook et TikTok à contempler plus profondément la beauté de nos cathédrales et leur histoire.

Ai-je hésité à raconter mon périple sur les réseaux ? Non. J'appartiens à la génération Internet. Dès que j'ai commencé à avoir un accès libre à la Toile, je me suis branché sur les influenceurs de l'époque, les youtubeurs. À mesure qu'ils se développent, je crée mes comptes Facebook et Instagram. Mon objectif : utiliser ces outils fantastiques à bon escient. Ils sont un moyen facile, rapide, efficace de toucher ceux de ma génération. Mon domaine est celui du patrimoine, où des influenceurs importants commencent à ce moment à occuper l'espace virtuel.

Mon trajet en ce quatrième jour ressemble à un film. Je prends soin de choisir les chemins de traverse ; la Provence m'offre en retour sa beauté brute, loin des clichés. Je traverse des ravins et des petites gorges sauvages. Le printemps reconquiert peu à peu son territoire. Les fleurs apparaissent, les arbres s'ouvrent, les insectes envahissent l'air. Symphonie pastorale.

Au milieu, quelques randonneurs retraités cueillent des asperges sauvages. Je me dirige vers eux. Ils ont la gentillesse de m'expliquer comment les reconnaître et les manger. Ces drôles de petites plantes apparaissent à ce moment-là de l'année, et il faut les cueillir vite pour profiter de leur tendreté. Il est possible de les manger crues, mais lorsqu'elles sont cuites à la poêle elles prennent, m'expliquent-ils, un délicieux goût de noisette. Je leur fais confiance. En poursuivant ma route, je scrute la terre pour repérer les asperges qui feront une partie de mon dîner.

Cette petite rencontre est un grand pas. Au début, je suis timide, je n'ose pas aborder les personnes que je croise. J'ai peur de mon ombre. De l'image que je renvoie. Alors qu'il est normal d'aller vers les autres. Petit à petit, je me prends au jeu. À la fin, non seulement je salue tout le monde sur le bord de la route, mais j'engage la discussion.

Plus je me rapproche de l'abbaye Saint-Michel de Frigolet, plus le paysage offre un spectacle de désolation. En temps normal, le massif de la Montagnette est recouvert d'une intense végétation de pins d'Alep, cachant ses saillies, adoucissant ses pentes.

Malheureusement, les 1 600 hectares de maquis et de forêts ont brûlé quelques mois avant mon passage. Un drame pour la région. Plus de mille pompiers furent engagés pour endiguer l'incendie. Lorsque j'y passe, je sens encore l'odeur de la cendre dans l'air.

Je marche des kilomètres dans ce décor apocalyptique, en pensant à ce paradis provençal disparu. Quelques plantes commencent à repousser. Les arbres calcinés dressent par milliers leurs formes décharnées. Ils donnent au paysage un air de plaines de l'enfer, où le Tartare torture ces innombrables âmes qui errent maintenant sans but, dressant piteusement leurs bras calcinés vers le ciel.

Je suis affecté par ce que je découvre. C'est seulement au bout de quatre ou cinq ans que la garrigue reviendra, tandis qu'il faudra trente à quarante ans pour qu'une jeune forêt retrouve sa place.

Comme par miracle, quelques centaines de mètres de circonférence autour du domaine de l'abbaye ont été épargnés par l'incendie. Lorsque je sors mon drone pour en faire des images, le contraste est saisissant. Heureusement que l'incendie n'est pas allé plus loin.

L'abbatiale que je découvre vaut ma journée de souffrance pédestre. Construite au XIXe siècle, c'est une église néogothique entièrement peinte. Ses deux flèches blanches se dressent depuis les tours de la façade vers le ciel, comme une prière figée dans la pierre. Ce qu'il y a d'étonnant est que rien ne prépare ni ne laisse supposer à l'extérieur ou dans les environs de l'édifice un tel foisonnement de couleurs, de peintures, de détails de sculpture quand on y pénètre.

Je n'aurais jamais imaginé qu'au cœur d'un massif provençal aujourd'hui dévasté puisse se cacher une abbatiale si grande et si belle. Au rang de basilique, son inspiration se nourrit largement de la magnificence de la Sainte-Chapelle à Paris.

L'accueil des moines dans ce lieu retiré se révèle d'une grande délicatesse. Ce sont des chanoines réguliers de Prémontré. Ils suivent la règle de saint Augustin, différente de celle de saint Benoît. Guère nombreux, quatre ou cinq, tous viendront me saluer, échangeant quelques mots, debout sur le seuil de la chambre qu'ils ont mise à ma disposition. Douceur, attention, humour. Ils ne sont pas dans le monde, et pourtant. Le monde vient à eux.

Leur sollicitude ne s'arrête pas là : ils veilleront à ce que je sois ravitaillé pour la journée de marche du lendemain. Que leur bienveillance soit louée, car, perdu au cœur de ce massif, je n'aurais eu aucun moyen de me nourrir avant la soirée du lendemain.

*

Tarascon et Arles sont mes deux prochaines destinations. Érigée à partir du XIIe siècle, la collégiale royale Sainte-Marthe de Tarascon de style gothique provençal sera achevée trois siècles plus tard. Le clocher, détruit par les bombardements de 1944, est reconstruit à l'identique à la fin des années 1960.

Plus extraordinaire encore, lors de sa restauration, l'église basse est « débaroquisée » sur ordre des Monuments historiques. Il existe un débat vif entre les Anciens et les Modernes à propos des ornements, décors et rajouts artistiques et architecturaux. Que faut-il conserver dans ces couches successives ? Ce vieux débat a refait surface notamment après l'incendie de Notre-Dame de Paris, concernant la forme que prendrait la flèche une fois reconstruite. Autrefois on ne s'embarrassait pas de telles considérations.

Dans la crypte de la collégiale, je contemple la tombe et le gisant de sainte Marthe. Très populaire au Moyen Âge, elle était la sœur de Marie et Lazare de Béthanie. Elle reçut le Seigneur Jésus dans sa maison, non loin de Jérusalem. Vêtue d'un drapé finement sculpté qui semble glisser sur son corps, son visage doux et apaisé dégage une paix profonde. Par-delà la mort, elle n'a pas d'âge. Elle semble délivrée des pesanteurs terrestres.

Seul, je suis enveloppé par le silence de la crypte et sa quiétude, fruit de siècles de recueillement et de méditations faites au chevet de la sainte. Ses mains jointes en prière m'invitent à une rencontre avec le divin.

De Tarascon, je marche vers Arles en longeant le Rhône. Saint-Trophime d'Arles, chef-d'œuvre de l'architecture romane du XIIe siècle, est classé au patrimoine mondial de l'Unesco. Son portail sculpté illustre des scènes bibliques, notamment le Jugement dernier, représenté en frise sur le linteau. La cathédrale a le mérite de la clarté du propos : les âmes des défunts sont pesées et jugées. Elles seront soit sauvées, soit damnées. Le message est limpide pour tous les pèlerins de passage.

Sous cette scène centrale, les âmes des défunts se tiennent dans l'attente de leur destin. À gauche, la sculpture des élus, figures paisibles conduites au paradis. À droite se trouvent les damnés, en proie à la terreur pendant qu'ils sont emmenés en enfer par des démons torturés. Les visages et les corps sculptés reflètent, simplement, nos peurs et nos espoirs, que chacun ressentira à chaque étape de sa vie.

Au centre, sur le tympan, le Christ en majesté est représenté dans une mandorle, cette forme ovale symbolisant la gloire divine. Il est entouré des quatre évangélistes, représentés sous leur forme symbolique.

Chacune trouve son origine dans des visions prophétiques de l'Ancien et du Nouveau Testament, notamment dans l'Apocalypse de saint Jean. L'ange pour saint Matthieu symbolise la généalogie de Jésus et son incarnation. Le lion pour saint Marc, animal royal et puissant, est le symbole de la résurrection du Christ. Le taureau pour saint Luc symbolise le sacrifice et le sacerdoce. L'aigle pour saint Jean représente la divinité du Christ.

Présents dans de nombreux vitraux, sculptures et autels des cathédrales, ces symboles aident les fidèles à se rappeler et à méditer sur la vie et les enseignements de Jésus. Nos églises et cathédrales sont empreintes de cette sagesse antique qui utilise l'image et le symbole plutôt que le texte pour faire passer son message. En un regard, il est possible de comprendre l'essentiel.

Une fois dans la cathédrale, j'expérimente un contraste saisissant entre l'extérieur et l'intérieur. Dehors il fait beau, et déjà chaud pour un début de printemps. La cathédrale est sombre, fraîche et un peu humide. Sa nef est relativement étroite aussi. Peut-être que cette impression est appuyée par la largeur de ses piliers et la hauteur de ses voûtes. Bizarrement, je prends goût à cette ambiance. Et pendant un long moment, je resterai sur place, assis dans les bancs du milieu, pour prendre toute la mesure de l'édifice.

La tête pleine d'images, je reprends la route. Entre Arles et Saint-Gilles, j'emprunte un tronçon du chemin de Saint-Jacques. On retrouve la coquille sur des arbres, des poteaux indicateurs, des maisons et des auberges.

À mon tour, je foule des pieds la terre sur laquelle m'ont précédé depuis le IXe siècle des pèlerins du monde entier. Plusieurs siècles de traditions itinérantes ont marqué ces sentiers. Je mesure la chance de pouvoir les suivre aujourd'hui, et j'en suis presque ému.

Quitter la ville et la circulation bruyante ; enjamber les faubourgs ; retrouver l'authenticité, la sérénité, mais aussi la rudesse de la nature – froid, chaleur, pluie et vent. Comme un métronome, j'alternerai dans ce va-et-vient. Des contrastes spectaculaires, parfois violents. Béton et goudron contre bois et terre. Gris contre vert.

Entre les deux, mes cathédrales seront autant d'oasis et de pauses d'éternité.

En arrivant à Saint-Gilles, je ne cherche pas un logement chez l'habitant. Je choisis de débourser un peu d'argent pour dormir dans le gîte des pèlerins de Saint-Jacques. J'ai envie de rencontrer d'autres personnes qui vivent la même expérience.

Comme Nicolas avec lequel j'ai cheminé une bonne partie de la journée. De quelques années mon aîné, philosophe-poète aux cheveux longs, il est parti en plein hiver, n'hésitant pas à traverser les Alpes sous la neige. Suisse-italien, polyglotte, il me déclare, en secouant sa toison sur le côté, qu'il « écrira un grand récit épique » de son voyage « politique » à travers la France. Si je suis perché, lui l'est au carré. Avec la fatigue et son air perdu, un peu désincarné, je ne peux m'empêcher de rire aux éclats. Je m'en veux un peu, mais lui ne le prendra pas mal. Il n'a pas compris la cause de mon hilarité.

Au gîte, je découvre une ambiance simple, mais profonde, avec des personnes qui ont toutes la même démarche pour le même horizon. Intérieur. On se regarde ; on se comprend ; on ressent les mêmes choses. Nul besoin de longues explications. Et cela m'apaise et me soulage. Je me sens pour la première fois appartenir à une communauté. Celle des traîne-poussière, ou des avaleurs de kilomètres. Petit à petit je commence à trouver ma place. Il existe encore aujourd'hui une race d'itinérants, composée de tous ceux qui en ont pris la décision. Peut-être ont-ils encore quelque chose à apporter au monde. Une vision : celle de l'horizon.

Parmi nous, il y a un groupe de cinq grand-mères québécoises. La plus jeune a soixante ans ; la plus âgée presque quatre-vingts. Elles viennent en France depuis plusieurs années, quand elles peuvent. Ce chemin de Saint-Jacques est l'aventure de leur retraite. Si elles sont physiquement épuisées, elles sont moralement inatteignables. Avec leur accent inénarrable, elles diffusent une énergie positive incroyable. Un remède contre la mélancolie et les maux de l'âme.

Avec elles et tous les pèlerins, je partage, le temps d'une soirée, une foule de choses, banales et essentielles, sur la vie, la marche, Dieu, les hommes et les femmes. Quant à mon *plan Cathédrales*, tous l'ont trouvé « normal ».

Je profite d'être dans un gîte pour abandonner des affaires derrière moi. M'alléger le plus possible. Notamment le recueil de romans de Jean Raspail, trop lourd. Je n'ai ni le temps ni la force de lire le soir de toutes les manières.

J'obéis ainsi, sans le vouloir, à un vieux dicton de pèlerin : « On part avec l'utile, on continue avec le nécessaire et on revient avec l'essentiel. »

Cathédrale Saint-Pierre de Montpellier

Chapitre 4

Les cathédrales racontent notre histoire

Je remonte vers le nord pour arriver à Nîmes. Ville romaine où la Maison Carrée, en plus des arènes et son amphithéâtre, en est un témoignage admirable et émouvant. Deux mille ans (!) après sa construction, cet ancien temple romain, bâti sous le règne de l'empereur Auguste, est l'un des mieux conservés de cette époque en France.

La cathédrale Notre-Dame-et-Saint-Castor porte le nom d'un des premiers évêques de la région. Ayant vécu au Ve siècle, il a activement contribué à son évangélisation et son organisation. De taille moyenne, elle possède cependant une imposante tour sur sa façade, qui domine les maisons du centre-ville. Malheureusement pour moi, l'édifice est en travaux et je dois me résoudre à le contempler de l'extérieur. Tant pis si la cathédrale est fermée, cela fait partie de l'aventure. Je ne m'en formalise pas. À vrai dire, c'est une bonne nouvelle : si l'édifice est en travaux, c'est que l'on s'en occupe.

En m'approchant de la cathédrale pour lire les panneaux d'explications sur les barrières du chantier, j'apprends que saint Castor s'écrit en provençal « san Castré ». Je ne me risquerai pas à essayer de le prononcer avec le bon accent.

Le centre-ville de Nîmes est agréable. Je me promène autour de ses magnifiques arènes sans m'attarder. Ma prochaine étape est Béziers. J'ai pris la décision de faire directement ce long trajet en stop pour pouvoir remonter toute la côte méditerranéenne d'ouest en est, jusqu'à Menton à la frontière avec l'Italie. L'intérêt de ce parcours est de pouvoir visiter en un seul passage toutes les petites cathédrales qui parsèment la côte, et qui sont proches les unes des autres. Elles sont l'héritage des premiers missionnaires arrivés de Palestine en Gaule par la mer. Ce sont eux qui ont fondé les premiers diocèses.

Un prêtre que je connais bien, le père Paul, m'attend de pied ferme à Béziers. C'est avec lui que j'ai accompagné plusieurs étés des groupes de jeunes en Europe pour de longues marches. Nous nous entendons bien. Le revoir est une grande joie. Il m'a demandé d'arriver dans sa paroisse pour la fête des Rameaux, avec l'intention que je l'aide.

Il s'agit d'un moment important dans l'année, puisque c'est la fête qui célèbre l'arrivée de Jésus à Jérusalem accueilli triomphalement par tout le peuple juif, juste avant d'être trahi et emmené captif, marquant le début de sa Passion.

Célébrée une semaine avant Pâques, la fête des Rameaux suscite une certaine effervescence dans toutes les paroisses catholiques : il faut préparer l'église à la plus grande fête liturgique de l'année. Nettoyer les bancs, aspirer la poussière, dresser les autels, dissimuler les statues sous de beaux draps violets, pour manifester le temps de pénitence de la Passion. Il y a du travail, et je suis mis à contribution.

Alors que le père Paul et moi sommes dans l'église Saint-Jacques, à quelques encablures de la cathédrale, en train de préparer le reposoir où ira se cacher le saint sacrement pendant toute la semaine suivante, dite Semaine sainte, il me fait un signe de la tête. Deux jeunes hommes viennent d'entrer dans l'édifice.

Je devine à leur attitude qu'ils ne sont pas là pour prier. Dans un échange de regards rapide avec le père Paul, je comprends que leurs objectifs sont les troncs destinés à accueillir les offrandes des fidèles. Un drôle de jeu du chat et de la souris se met alors en place.

L'air de rien, les deux garçons se promènent dans l'église, semblant s'intéresser de près aux statues. J'engage la conversation avec eux afin de disposer d'un prétexte pour les avoir à l'œil. Pendant un bon moment, ils erreront dans l'église dans l'espoir de profiter d'un instant d'inattention pour alléger de leurs pièces les troncs.

Je ne leur lâcherai pas la botte, alternant entre coup de main pour tendre différents draps, et explications plus ou moins heureuses des statues et tableaux qu'ils semblent vouloir profondément imprimer sur leur rétine.

Lassés, nos deux apprentis chapardeurs finissent par se résigner, voyant bien que notre vigilance ne se relâche pas.

À peine sont-ils sortis que mon ami prêtre se rue sur les troncs pour les vider et mettre à l'abri les précieux petits dons. On ne vole pas l'argent des offrandes. Il sert à financer les bougies, les fleurs et toutes les petites dépenses liées à l'exercice du culte. C'est maigre, mais l'Église n'est pas riche, malgré ce que l'on pense.

*

La cathédrale Saint-Nazaire de Béziers se dresse comme une forteresse sur les bords du centre-ville, à hauteur de ses remparts. De loin, on pourrait se méprendre et y voir un imposant château défensif.

À son pied, l'immense plaine du Languedoc dévoile sa beauté et sa richesse viticole, la vallée de l'Orb et le canal du Midi.

Ses tours témoignent l'ancienne puissance de l'évêché, aujourd'hui disparu au profit de celui de Montpellier. Construit dans un style gothique, l'édifice me frappe par son caractère militaire. Son clocher principal ressemble à un gros donjon, et ses clochetons crénelés forment comme un chemin de ronde à plus de 20 mètres de hauteur.

Pourtant, lorsque j'y pénètre, alors que je m'attendais à l'austérité d'une place forte, je suis surpris par sa sophistication. Un immense décor baroque tapisse le chœur, offrant aux yeux des visiteurs une explosion de formes et de couleurs. Les statues des quatre évangélistes en font le tour, encadrées par des colonnes de marbre rouge. L'ensemble est surmonté par de hauts vitraux fabriqués au XVIIe siècle à partir d'anciens éléments médiévaux. L'austérité extérieure ne laissait en rien deviner cette richesse intérieure.

L'édifice mesure 50 mètres de long, et un peu plus de 30 de large à l'endroit du transept. Ce n'est pas bien grand pour une cathédrale gothique, mais sa majesté n'en est pas atteinte.

J'en profite pour visiter la ville. Une fois n'est pas coutume, ayant un peu de temps pour moi, je plonge dans son histoire et découvre avec intérêt l'âge d'or et la décadence de la culture viticole dans cette région. Béziers fut longtemps une capitale du vin, aujourd'hui déchue. Au moment de l'épidémie de phylloxéra à la fin du XIXe siècle, les vignerons du coin ont tout de suite trouvé la parade en greffant des pieds de vigne américains résistant aux piqûres du puceron. Le Biterrois connaît alors une croissance extraordinaire puisqu'il est le seul à ce moment-là à produire du vin. Mais à la suite des deux guerres mondiales et des décisions du gouvernement de réduire la consommation d'alcool à l'école et au travail, la région, qui avait misé sur la quantité à la place de la qualité, connaît un lent déclin. Toute cette histoire je la découvre incarnée dans les paysages et auprès des neuf écluses de Fonseranes, vestiges de l'intensité du transport fluvial de marchandises à l'époque.

Plus tard dans la soirée, avec mon ami prêtre, unis par une vieille complicité, nous refaisons le monde. Je l'interroge sur son ministère. Il me confie ses enthousiasmes et ses difficultés. Il est confronté à tous les problèmes qui traversent la société française. L'image du prêtre est salie par de nombreux scandales, qui le blessent d'autant plus qu'il a volontairement choisi cette vie. Les fidèles se font rares, et la mentalité ambiante, celle qu'il appelle l'« esprit du monde », lutte tous les jours contre les aspirations spirituelles de ses ouailles. Il me transmet cet enseignement : « On accepte d'être pleinement prêtre quand on comprend qu'on ne va pas souffrir pour l'Église, mais qu'on va souffrir par l'Église. » Son engagement ne tient pas à une condition, ni à un prestige, mais bien à un sacrifice. Il m'assure en faire l'expérience tous les jours dans sa chair. Et son témoignage sera confirmé par les nombreux prêtres et religieux rencontrés tout au long de mon voyage.

Nous parlons aussi de sujets plus légers. Des sports que nous aimons : le rugby et la formule 1 dont nous suivons les championnats assidûment. Il m'initie à la corrida dont j'ignore tout. À commencer par l'ancrage local de la culture taurine, que je comprenais mal au premier abord, certainement à cause de certains préjugés acquis malgré moi.

J'achève mon séjour biterrois en faisant une entorse à cette sorte d'ascèse des plaisirs du monde moderne que je me suis imposée en partant à l'aventure à pied à travers la Provence, et maintenant l'Occitanie.

Je me rends au cinéma. C'est l'occasion d'aller voir le film *Sur les chemins noirs* adapté du livre de Sylvain Tesson. Il n'est pas nécessaire de présenter cet auteur, inconditionnel de l'aventure au long cours, arpenteur des chemins perdus et des paysages abandonnés.

Jean Dujardin incarne le héros dans ce récit d'une traversée de la France en diagonale, de l'extrémité du Mercantour jusqu'à la pointe du Cotentin, en passant par le plus grand nombre de chemins oubliés, à l'écart de toute civilisation.

Cela fait un moment que l'on me parle de ce film. Plusieurs fois déjà sur mon trajet, des personnes rencontrées ou des hôtes me l'ont recommandé. Il me fera un bien fou. M'identifiant au protagoniste, je rejoins l'aventure contemplative projetée à l'écran. Les mêmes réflexions ont déjà eu le temps de me traverser l'esprit : le poids de la solitude, l'exaltation face à un beau paysage, l'épreuve physique de la route.

Cela fait maintenant plus de deux semaines que je marche. J'ai déjà eu le temps de goûter aux mêmes difficultés, et parfois aux mêmes découragements. Mes premières souffrances physiques arrivent. Comme les grosses fatigues. Deux semaines d'itinérance sans intimité commencent à peser.

Aussi, je suis heureux d'avoir retrouvé cet ami prêtre, pour être accueilli sans avoir à raconter ma vie et faire connaissance avec mon hôte.

En effet, dès qu'on est hébergé chez des étrangers, on passe la soirée avec eux. Ils vous posent mille questions, vous offrent à boire (et pas que de l'eau...), et vous ne pouvez pas refuser. Cela durera neuf mois. Véritable ironie, alors que je suis sur la route en pèlerinage, aspirant à une forme d'ascèse, je n'aurai jamais autant bu de ma vie.

Pendant ces deux premières semaines de marche, je passe mon temps à réajuster ma réalité, les attentes que j'avais au moment de partir. Je comprends que marcher 20 ou 25 kilomètres tous les jours, c'est dur. Aussi, je marche moins. Ce qui ne me va pas. Si je continue à ce rythme, je ne pourrai pas faire mon tour de France en neuf mois. L'heure de la révision de mes objectifs de départ est arrivée. Remise à niveau des espérances.

Lancés comme un appel à poursuivre ma route, les *Chemins noirs* me redonnent le moral. Ils me procurent l'envie d'entrer encore plus en profondeur dans cette démarche de méditation pèlerine que je suis venu chercher.

Je comprends petit à petit que la route, au-delà d'une expérience extérieure, des autres ou des paysages, est d'abord une découverte de soi. Pour la première fois de ma vie, en miroir des émotions transmises par Tesson dans son récit et amplifiées par Dujardin à l'écran, je saisis la profondeur de cette affirmation derrière sa banalité.

Ce récit me donnera des ressources pour affronter la semaine qui s'annonce, de Béziers à Montpellier. Quatre jours de marche intense m'attendent, sur plus de 100 kilomètres, sans contact ni lieu où dormir, dans une zone urbanisée sans fin, touristique et industrielle.

Ma première vraie pause sera à Pâques, dans une paroisse catholique, qui, elle aussi, s'étant fait passer le mot, m'attend de pied ferme.

*

Me voilà en train de longer le canal du Midi, plein ouest, pour rejoindre la cathédrale Saint-Étienne d'Agde. La route est droite, morne : c'est l'ancien chemin de halage du canal qui, autrefois, permettait le transport du vin de la plaine de Béziers à la mer Méditerranée. Aujourd'hui le canal n'est plus emprunté que par des bateaux de plaisance.

Pour me donner du courage, je mets mes écouteurs. De la musique avant toute chose ! De l'électro, de la French Touch, du rap américain, du métal de Mongolie, Dvořák, Tchaïkovski, et Billie Eilish. Mais surtout du chant sacré : du grégorien en abondance, les cantates de Bach, les oratorios de Haendel, les psalmodies russes orthodoxes.

Tout au long de mon périple j'écouterai de la musique. Elle m'est vitale. Neuf années de conservatoire de guitare classique ont fait de moi un mélomane aux goûts éclectiques. J'aime tout. La musique est un carburant de plaisir et d'émotion. Et dans ces longues lignes droites, elle devient une compagne indispensable.

Je tente à plusieurs reprises de héler ceux qui descendent doucement vers la mer. Je rêve de pouvoir dire un jour avoir fait du « bateau-stop ». Plat, sans ombre, ce chemin a le don de m'agacer. Il ne présente aucun intérêt particulier, si ce n'est celui de me pousser à arriver le plus vite possible à Agde pour visiter la cathédrale. Si j'arrive trop tard, elle risque d'être fermée. Or je ne pourrai pas rester plus longtemps pour la découvrir.

Je continue de faire du stop, sans succès. Je ne récolte que des sourires timides, au mieux quelques encouragements. Personne n'acceptera de me prendre. Il n'y a pourtant qu'une direction, dans laquelle tout le monde se dirige !

Résigné, j'accélère le pas, dans l'espoir de parvenir au centre d'Agde avant la fin de l'après-midi. C'est peine perdue. Lorsque enfin la cathédrale dessine son contour haut et sombre au passage d'un angle du canal, il est 6 heures de l'après-midi passées. La porte est close. J'enrage. C'est la première cathédrale qui me glisse entre les doigts ; non pas à cause d'un chantier, mais bien à cause de moi.

L'édifice est impressionnant. Un cube massif de pierre noire, entièrement crénelé comme un château. Il est surmonté d'un clocher carré. Je suis intrigué par l'absence presque totale d'ouvertures dans les murs, et de vitraux. Le touriste non averti pourrait prendre cette cathédrale pour une prison.

Bredouille, vexé, je finis par m'asseoir sur le parvis pour réfléchir où loger. Je n'ai encore jamais dormi dehors, et je ne compte pas commencer ici. D'autant plus que le défi est justement de solliciter l'hospitalité des habitants, afin d'en faire de belles rencontres.

C'est le moment que choisit un drôle de bonhomme pour m'aborder. Il a l'air tout autant vagabond que moi. Cependant, il semble avoir décidé de le rester. Lui ne paraît pas soucieux de se trouver un toit et une douche pour la nuit. Malgré ses drôles de mimiques et son air un peu perdu, je me surprends à l'envier. Il ne possède rien, si ce n'est son sac et son duvet, et se nourrit peu. D'après ce qu'il me raconte, il erre depuis un certain temps dans la région. Étrangement, il dégage une sorte de joie radieuse. Peut-être une expression de folie, mais qui me donne envie de goûter à cet abandon total des contraintes du corps. Cette pensée ne dure guère, car le besoin d'une bonne douche et d'un matelas se fait sentir. Il me pousse à me lever en quête d'un précieux résidu de confort moderne.

Finalement, une dame d'une quarantaine d'années, rencontrée un peu plus loin, finira par accepter de me loger chez elle. Je passerai la soirée à jouer à Mario Kart avec ses enfants.

Le lendemain, mon objectif est de rejoindre la mer, pour remonter par la plage jusqu'à la ville de Sète, entre l'étang de Thau et la Méditerranée. Le plan me semble simple et facilement réalisable. Pourtant, quelle ne sera pas ma surprise lorsque, en me dirigeant vers Le Cap, je serai arrêté dans ma marche par une barrière en métal, au-delà de laquelle un vieil homme me hèle.

– Ohé jeune homme ! Qu'est-ce que tu fais ?

– Je me dirige vers la plage, pourquoi ?

– Mais tu ne peux pas ! réplique-t-il, ahuri et la mine un peu goguenarde.

– Pourquoi ça ?

Sans répondre, le vieux lève le bras et pointe son doigt en direction d'un grand panneau un peu plus loin au-dessus de la route. À mon tour d'ouvrir grand les yeux ahuris. Dessus, une silhouette féminine en train de danser est surmontée de l'inscription « Tantra Club, le club le plus chaud du Cap d'Agde ». Un peu plus loin, un autre panneau affiche « Village naturiste, résidence de luxe ».

– Tu entres dans un village naturiste ! Si tu passes la barrière, tu paies, et tu te fous à poil.

– Euh, c'est obligé ?

– T'es pas du coin, c'est ça ?

– Non, je vais à Sète et je veux juste longer la plage.

– Eh bien il va falloir que tu fasses un détour, si tu ne veux pas te déshabiller, réplique-t-il en s'esclaffant.

Il est vrai qu'avec mon allure de pèlerin chargé comme un âne je fais tache à l'entrée du village naturiste. Personne ne m'a parlé de cet endroit. Je ne savais pas que l'accès à la côte était verrouillé par un village dans lequel les gens vivent tout nus. J'éclate alors de rire et demande à ce monsieur qui a eu l'obligeance de me prévenir du piège dans lequel je m'apprêtais à tomber :

– Par où faut-il que je passe, alors ?

– Eh bien, tu fais demi-tour, et tu longes l'autoroute. Parce que derrière c'est une réserve naturelle, et je ne suis pas sûr que tu puisses passer.

Soudain je cesse de rire. Faire ce détour implique de marcher au moins trois heures de plus que prévu, en longeant une départementale très fréquentée. Je soupire. Franchement, quel est l'intérêt de se mettre tout nu et de bloquer l'accès à un honnête pèlerin ?

Ce détour forcé m'oblige à fortement accélérer le rythme, pour ne pas arriver trop tard à Sète. Même s'il n'y a pas de cathédrale à visiter, je compte bien profiter de la soirée, et surtout avoir le temps de trouver un logement. Encore une fois, c'est peine perdue.

J'arriverai le soir, vers 8 heures, trop tard pour espérer entrer en contact avec la paroisse. La zone est en plus très touristique. Partout ce sont des grosses villas, souvent fermées et gardées. Je sens rapidement qu'il va être difficile de demander à l'aveuglette un toit et une douche.

Le soleil se couche déjà, et je suis toujours dans la rue, à errer dans le centre-ville, en train de me demander comment je vais pouvoir m'organiser. Heureusement, je découvre une petite auberge de jeunesse. C'est la deuxième fois que je me résous à payer pour ma nuit. Le prix est faible, je suis logé dans un dortoir. La perspective ne me réjouit pas, car je m'imagine déjà dîner seul, dans mon coin.

En m'installant dans la chambre, je fais la connaissance d'un Espagnol de mon âge. Lui aussi est parti à l'aventure, mais à vélo. Il possède tout un tas d'équipements impressionnants qu'il a étalés dans le dortoir pour en faire sécher une partie. Il s'appelle Guim. Alors que nous devons utiliser un mélange d'anglais, d'espagnol et de français pour nous parler, nous nous comprenons. Rapidement, le courant passe bien entre nous deux. Nous vivons la même chose.

Guim m'accueille chaleureusement, comme savent si bien le faire ses compatriotes. Au début nous n'étions que deux dans la chambre. Petit à petit, un Américain, un Chinois et un Allemand nous ont rejoints. Sensiblement du même âge, nous sommes tous des voyageurs solitaires.

Très vite, notre dénominateur commun se trouve être une bonne bouteille de vin offerte par l'Allemand, trop content d'avoir encore un prétexte pour boire avant de remballer ses affaires et de rentrer chez lui le lendemain.

Je n'aurais pas dû être surpris par ce multiculturalisme soudain dans la chambre d'une auberge de jeunesse. Sète est une ville touristique. Elle attire depuis l'Europe et le monde entier de nombreux visiteurs qui viennent pour profiter de la Côte d'Azur et de ses fameuses joutes !

Sur de longs et fins bateaux en bois, à l'arrière desquels se trouve une haute plate-forme, un jouteur se positionne avec un bouclier dans une main et une lance dans l'autre. À la force des bras de tous les rameurs, deux de ces embarcations se jettent l'une sur l'autre jusqu'à que l'un des deux jouteurs tombe à l'eau. Cet événement populaire fait la renommée de la ville. Lorsque je passerai le lendemain le long des canaux pour remonter vers la mer, je croiserai plusieurs écoles de joute où, dès leur plus jeune âge, les Sétois s'entraînent sur des plateaux à roulettes.

En cheminant vers Montpellier, je suis maintenant entré dans cette démarche d'un pèlerinage s'inscrivant sur le temps long. Je sens que mon corps et mon esprit se sont déconnectés du monde, du tourbillon quotidien dans lequel ma génération baigne. J'ai rangé mon portable, mis fin au flot de notifications et d'alertes. Quant à mes vidéos sur les réseaux sociaux, elles ne disent pas le contraire. Elles sont ma correspondance numérique, dont je maîtrise la chronologie et le contenu.

La tête hors de l'eau médiatique, je vis l'expérience nouvelle d'une disponibilité totale lorsque je m'adresse à une personne. Je me reconnecte à la nature. Vivant au rythme du soleil, je n'ai plus besoin de réveil le matin pour me lever. Quoique fatigué par la marche, je ressens une paix intérieure. L'âme libérée des contraintes de la modernité, j'entends un murmure nouveau. Le chant des pistes. Celui qui me relie d'une cathédrale à l'autre.

Comme les Aborigènes d'Australie, qui suivent leurs « songlines », ces chants sacrés gravés dans la mémoire de leur peuple, je me sens relié à un chemin plus ancien, plus profond. Leurs chants racontent la création du monde, reliant chaque élément du paysage aux pas de leurs ancêtres. Pour eux, marcher sur ces pistes est une façon de garder vivants les souvenirs et de perpétuer l'histoire du monde.

De la même manière, mes pas entre ces sanctuaires ne sont pas seulement une traversée physique, mais une manière de renouer avec le sacré, de lire un autre récit dans les pierres et les cieux. Le chemin devient chant, et chaque cathédrale, une note dans cette symphonie invisible qui lie l'histoire humaine à la terre elle-même.

*

Pour la première fois de mon périple, je dois me résoudre à dormir sur la plage et offrir par la même occasion un festin nocturne aux moustiques. Hasard ou ironie, j'apprendrai le lendemain matin que je me suis endormi à côté de l'ancienne cathédrale de Montpellier, la Maguelone. Construite au Moyen Âge, elle se dresse au beau milieu des marécages, en dehors de la ville actuelle. C'est un édifice roman massif, aux proportions impressionnantes pour son âge. Elle a été abandonnée à la fin du Moyen Âge au profit de la cathédrale Saint-Pierre, au sein de la cité.

Plus tard dans la journée, je retrouve le père Joseph, un ami prêtre. Il m'accueille chez lui pour une pause, en échange de ma participation à la chorale et à l'organisation des cérémonies.

J'ai pris conscience que l'épreuve la plus importante que je doive affronter est celle de surmonter la solitude dans la journée, lorsque je marche ; et l'absence d'intimité le soir, lorsque j'en ai besoin. Là, pendant plusieurs jours, je me ferai dorloter au presbytère, en vivant avec la « famille » des religieux qui s'y trouvent. Une communauté catholique vivante et joyeuse. Il est temps. J'éprouve le besoin d'avoir une chambre à moi et de profiter d'une certaine intimité après trois semaines de marche.

Pendant neuf mois, je dînerai et dormirai souvent chez des prêtres et des religieux. Comme un compagnonnage express. Ils sont ouverts et ils m'ont accueilli malgré l'effort que cela leur demandait, eux qui sont tout le temps sollicités. Délicats et curieux, ils se sont tous intéressés à ma personne et à mon tour de France.

À mesure que le temps passe, j'ai surtout envie de les entendre me raconter leur ministère, plutôt que de parler de moi. Pour les prêtres séculiers, leur vie est souvent dure. « Là où il y a de l'homme, il y a de l'hommerie », disait saint François de Sales. Que ce soit avec leurs paroissiens, leur curé ou leur évêque. Nous y sommes. Solitude, surmenage, souffrance, et parfois sacrifice. Je prie pour eux et pour que les Français prennent conscience de ce qu'ils font pour réparer notre société en crise.

La cathédrale Saint-Pierre de Montpellier est le symbole d'une histoire mouvementée. Construite au XIVe siècle, cette « cathédrale-forteresse » est un chef-d'œuvre de l'architecture gothique méridionale, témoin des nombreuses évolutions qu'a traversées la ville. Dès sa construction, ses dimensions impressionnantes et son architecture massive lui conférèrent une allure de forteresse défensive. Ses deux tours cylindriques et son portique monumental en font l'un des monuments religieux les plus imposants du Languedoc.

Elle fut au cœur des luttes religieuses, notamment lors des guerres de Religion qui ravagèrent la région. À cette époque, la cathédrale devint un lieu d'affrontements et l'emblème des persécutions des protestants à l'encontre des catholiques. Sa façade porte encore les cicatrices de ces violents conflits, visibles dans les éclats et impacts qui rappellent les batailles qui s'y sont déroulées. Pour se protéger des assauts, les catholiques fortifièrent la cathédrale, renforçant ses murailles comme dans une citadelle pour défendre leur foi. Cette fonction militaire, inhabituelle pour une église, en fait un édifice singulier, conjuguant la majesté du spirituel avec l'efficacité du défensif.

Au XIXe siècle, des travaux de restauration furent entrepris pour réparer les dommages et lui redonner une partie de son éclat. Aujourd'hui, la cathédrale Saint-Pierre est un haut lieu touristique. Pourtant, comme c'est souvent le cas dans le Midi, son emplacement ne la met pas particulièrement en valeur : elle semble presque écrasée dans le tissu urbain. Nichée au cœur de la vieille ville, elle est entourée de ruelles étroites et sinueuses qui contrastent avec les grandes places et les avenues dégagées des cathédrales du Nord.

Pendant mon séjour, un historien, passionné par la ville et fervent paroissien, m'emmène la visiter. Il est intarissable. Il parle à un rythme effréné, débordant d'enthousiasme, me livrant une avalanche d'informations sur son histoire. J'essaie tant bien que mal de suivre son flot ininterrompu, mais il enchaîne les anecdotes sans me laisser le temps de respirer, encore moins de méditer sur ce qu'il raconte. Malgré cette cadence effrénée, sa passion est communicative, et je me laisse transporter par le passé millénaire de l'édifice.

Parvenu en haut des tours, je découvre une vue à couper le souffle. Montpellier, avec ses toits de tuiles rouges et ses petites ruelles, s'étend à perte de vue. On peut aussi admirer les paysages alentour, jusqu'à la Méditerranée. Le vent souffle légèrement, ajoutant une dimension presque spirituelle à cet instant de contemplation.

Je prends conscience qu'une cathédrale est l'édifice par excellence qui raconte l'histoire d'une ville et d'une région. Elle est le symbole des souffrances du peuple. Son livre d'heures et de malheurs. Ici, le récit de l'abandon de la première cathédrale, à l'extérieur, au profit de la seconde, au sein des remparts.

La cathédrale Saint-Pierre est aussi un écrin d'art et de culture. Elle abrite des œuvres qui retracent des siècles de dévotion et de maîtrise artistique. Les peintures, dont certaines remontent à la Renaissance, captivent le regard par la finesse de leurs détails. Les sculptures, taillées dans la pierre et le bois, témoignent le savoir-faire exceptionnel des artisans qui ont œuvré à sa splendeur. Encore aujourd'hui, elle vibre au son des offices chantés, accompagnée par l'orgue construit au XVIIIe siècle, régulièrement restauré.

Saintes-Maries-de-la-Mer

Chapitre 5

Gravés dans ma mémoire à jamais

Après Montpellier, la Camargue. Ce vaste delta constitué d'étangs, de marais salés, de lagunes, encadré par le grand et le petit Rhône, a des allures de « Terre du bout du monde ». J'y pénètre par un joyau de l'architecture gothique, Aigues-Mortes. Un rêve d'amateur de contes et légendes, de chansons de geste, d'épopées épiques. La forteresse des sables voulue par Saint Louis offre ses remparts à perte de vue. Plusieurs tours d'angle et de flanquement, de grandes portes et des poternes, cassent la monotonie des murailles.

Port de commerce, Aigues-Mortes jouira longtemps du monopole des entrées et des sorties de marchandises du royaume pour la Méditerranée, jusqu'à ce que l'ensablement provoque lentement, mais durablement, la disparition des échanges. Deux productions prendront le relais : le « vin des sables » qui n'est pas touché par la crise du phylloxéra ; les marais salants, exploités par la puissante Compagnie des Salins du Midi.

Il n'y a pas de cathédrale à Aigues-Mortes, mais une église gothique, Notre-Dame-des-Sablons. Saint Louis est venu y prier avant son embarquement pour la huitième croisade au cours de laquelle il mourra de dysenterie à Tunis. Aux murs, des vitraux contemporains. Je les trouve abstraits. Ils ne me racontent rien, ils n'ont rien de spirituel à mes yeux ; mais ils offrent une lumière éblouissante qui suffit à éclairer ma prière.

Direction Saintes-Maries-de-la-Mer. Même s'il n'y a pas de cathédrale, mais une petite basilique, cette ville attachante me tient à cœur. Elle est surtout connue pour accueillir tous les ans la plus grande communauté gitane au monde qui vient en pèlerinage honorer sa protectrice, sainte Sara.

Les gitans, vêtus de tenues traditionnelles, transportent en procession la statue de leur sainte patronne à travers la ville dans une atmosphère de grande dévotion enveloppée de chants fervents. Descendue dans une barque, sainte Sara est conduite symboliquement vers la mer.

Ce rituel rappelle, selon la tradition provençale, le débarquement des saintes en Camargue, premières missionnaires chrétiennes en Gaule. Parmi ces dernières, il y a sainte Marie Madeleine, sainte Marie de Nazareth, et sa demi-sœur Marie Salomé. Avec elles, sainte Marthe, dont j'ai pu voir la tombe et le gisant un peu plus tôt, à Tarascon, et saint Lazare, le ressuscité. Tous sont des contemporains du Christ, qui l'ont vu et ont vécu avec lui.

La première partie du trajet se passe bien. Ce sont de grandes routes droites certes, mais encore un peu à l'ombre, dissimulées par la végétation luxuriante des marais. Des myriades d'oiseaux volent en masse. J'assiste à de véritables ballets dans le ciel. Ils accompagnent les chevaux camarguais en liberté, au pelage blanc, nombreux à paître dans cet environnement sauvage.

Aux Saintes-Maries, le ciel se fait menaçant. Je cherche un logis chez l'habitant, sans succès. Au presbytère, les discussions avec les religieux sont âpres. Ils n'ont pas l'air de vouloir comprendre ma situation ni ma bonne foi. Cependant, le ciel étant noir, j'insiste auprès du sacristain de la basilique qui m'ouvre le local à bougies. C'est mieux que rien. J'ai juste la place d'étendre mon duvet. Pour accommoder l'endroit, j'emprunterai les grands tapis de décoration du pèlerinage des gitans en guise de matelas.

Pour fêter cette semi-réussite et cette longue journée de marche, entorse au règlement, je m'offre un steak de taureau de Camargue. Une déception. C'est un steak normal, en un peu moins tendre.

Le lendemain, je vais connaître l'expérience physique la plus difficile de ma vie : la traversée de la Camargue des Saintes au village de Salin-de-Giraud, 31 kilomètres en ligne droite sans ombre. À gauche les marais, à droite la mer ; au milieu, une petite bande de terre aménagée en piste cyclable.

Sous un soleil de plomb, un vent à décorner les taureaux et le chœur plaintif des flamants roses, je suis naturellement le seul malin à m'y aventurer à pied. Je ne regretterai jamais autant le poids de mes sacs que ce jour-là. Huit heures de marche dans des conditions extrêmes.

Je manque de tomber tous les trois pas sous les assauts des rafales de vent. À plusieurs reprises, je dois me réfugier dans le fossé, sous un buisson, pour respirer calmement et reprendre mes esprits. J'ai l'impression d'être saoul. Les limites de mon courage mental commencent à être atteintes.

Je m'accroche en puisant dans mes dernières ressources physiques. En priant les saintes Maries de la mer et mon saint ange gardien de m'amener à bon port. Jamais je n'avais imaginé que j'aurais à affronter une coalition d'hostilités de cette nature, le cocktail étourdissant chaleur et vent.

Arrivé à Salin-de-Giraud, je m'effondre dans un square au milieu du village. J'appelle le numéro qu'une dame m'a donné le matin même. Une fois, deux fois, trois fois ; on finit par décrocher. Au bout du téléphone, Inès. Quatre-vingts ans passés, veuve depuis des années du batelier du bac qui traverse le Rhône. C'est un paquet d'or pur servi sur un plateau de pierres précieuses. Son mari est mort il y a des années. Même s'ils n'ont jamais pu avoir d'enfants, ils en ont adopté de passage : un couple de jeunes touristes anglais qui campait dans la région et qui viendra régulièrement les revoir.

Elle a un chat avec lequel elle passe son temps devant la télé. Jour et nuit. Elle dort devant celle-ci. Une vie simple. Elle a toujours habité à Salin. Une petite maison, la même depuis toujours. Malgré son veuvage, elle a pris le parti de la joie et de la générosité.

Inès est inscrite sur la liste des hôtes du pèlerinage des saints de Provence, ce qui m'a conduit jusqu'à elle. C'est le sacristain des Saintes-Maries-de-la-Mer, qui a parcouru ce chemin avant moi, qui m'a donné ce précieux conseil pour me rendre jusqu'à la Sainte-Baume.

Ayant déjà accueilli plusieurs pèlerins, Inès parle d'eux comme s'ils étaient ses propres enfants. Je lui fais tamponner ma crédencial du pèlerin, qui m'a été donnée lors de ma première halte sur le chemin de Saint-Jacques-de-Compostelle. « C'est la tradition, il faut la respecter », me dit-elle. Sa générosité et son accueil sans retour m'ont marqué. Elle m'a considéré comme un fils. J'ai goûté à la grandeur de la gratuité, et du don de soi pour les autres. Cela ne semble rien, pourtant cette rencontre me changera.

Le lendemain, je prends la direction de Martigues. Le contraste est saisissant entre la Camargue et le golfe de Fos. Il s'agit d'une gigantesque zone industrielle de 10 000 hectares, que l'on pourrait facilement confondre avec le Mordor dans *Le Seigneur des anneaux*. À perte de vue, les silhouettes des raffineries de pétrole et de gaz crachant des colonnes de fumée et de flammes. À quai, d'immenses tankers et porte-conteneurs, monstres d'acier, dégueulent leur marchandise. L'air est saturé de bruits métalliques et de l'odeur âcre du soufre et des hydrocarbures. Vision apocalyptique.

Tout le monde m'a conseillé de contourner en bus ce pays noir. Ils ont eu raison. La seule option à pied aurait été de longer l'autoroute sur 30 kilomètres. Cela aurait été un supplice. Il existe des portions de l'Hexagone intraversables à pied.

À Martigues, toujours grâce à la liste des hôtes du pèlerinage des saints de Provence, je suis accueilli par un couple de grands-parents dans leur appartement. Ils m'emmènent faire un tour de la « Venise provençale ». Fatigué, luttant contre le sommeil pour rester debout, je me souviens de l'animation sur les quais, de l'accent chantant des pêcheurs et de leurs pointus, les bateaux traditionnels – devenus surtout des bêtes instagrammables pour les touristes.

En rentrant, ils m'apprennent la recette de la vraie tapenade et je découvre pour la première fois le goût amer de la Suze. Malgré ce véritable apéritif sudiste, je n'ai plus qu'une envie, dormir. Ce qui ne manque pas d'arriver à table…

Quittant Martigues, je remonte la Côte bleue, à l'ouest de Marseille. C'est un coin de paradis, marqué par d'abruptes falaises couvertes de verdure. Après le plat de la Camargue, l'âpreté de la côte méditerranéenne préfigure les calanques. À mesure que j'avance sur le sentier des douaniers, la nature dévoile un panorama éblouissant. Les criques se succèdent, dévoilant de toutes petites plages envahies par les algues mortes. On dirait que la falaise, timide, n'ose pas laisser l'occasion à la mer de venir caresser la côte. Le jeu des rayons du soleil sur l'eau illumine le tableau d'une lumière dorée. Tout respire les vacances – même si les grappes de maisons sont fermées. Nous sommes le 15 avril et déjà il y a des baigneurs.

Je suis heureux d'arriver à Marseille. C'est le moment de revoir des amis pour quelque temps, et de me reposer après ces derniers jours éprouvants. Je vais retrouver cette cité où j'ai vécu par intermittence pendant deux années. Et la redécouvrir.

En effet, je n'avais pas vraiment eu le loisir de visiter la cathédrale la Major pendant mes études. Il était temps que je le fasse ! Élevée sur les vestiges de l'ancienne cathédrale romane, la vieille Major est le plus grand édifice religieux construit en France au XIXe et le plus long avec 142 mètres du porche à la chapelle axiale. Son architecture d'inspiration néobyzantine, avec des influences arabes, sans oublier le plan et les canons romans, est à l'image de Marseille, ville cosmopolite, le plus grand port de la Méditerranée.

Les façades extérieures sont striées de bandes alternant marbre blanc de Carrare et pierre verte de Florence. En entrant, je suis ébloui par la grandeur architecturale du bâtiment. Cette fois-ci, c'est le rouge du porphyre qui vient s'alterner avec le marbre. Chaque élément rivalise d'ampleur : la nef divisée en trois vastes travées couvertes de voûtes d'arêtes ; le transept et le chœur surmontés de cinq imposantes coupoles culminant à 60 mètres de hauteur ; les colonnes en marbre disposées sur des piles massives ; les nefs latérales reposant sur des colonnes aux chapiteaux ouvragés ; les balustrades ornées de candélabres en bronze ; le sol pavé de mosaïques multicolores de style vénitien. Les architectes ont mis du cœur à l'ouvrage pour célébrer la gloire de Dieu !

Pendant les longues heures passées en son sein, je verrai la Major enluminée par le soleil de Provence, se transformer en un kaléidoscope de couleurs comme un appel au divin.

Pour couronner ce chapitre marseillais, un ami qui travaille au sanctuaire de Notre-Dame-de-la-Garde m'emmènera jusque dans la tête de la statue de la Sainte Vierge. C'est là que je redécouvre la cité phocéenne par les propres yeux de la Bonne Mère, son surnom. Je ressens un coup de foudre pour Marseille, car je comprends enfin ce qu'elle est et ce qu'elle représente. Deux ans d'études par intermittence (à cause de mon programme d'alternance à Paris) ne m'avaient pas permis de l'envisager au-delà de ses bâtiments emblématiques, la mosaïque des héritages grec, romain, italien et, plus largement, méditerranéen. Le port est l'âme maritime de la ville. Cette vue imprenable restera à jamais gravée dans ma mémoire.

Cathédrale Notre-Dame de l'Assomption d'Entrevaux

Chapitre 6

« Entrez, vous aurez le gîte et le couvert ce soir »

Aix-en-Provence est à plus d'une journée de marche depuis Marseille. Le trajet est urbain au milieu des faubourgs, des quartiers industriels de la périphérie, des échangeurs routiers et des zones commerciales. C'est le monde du bruit et de la fureur.

Je m'accroche à la montagne Sainte-Victoire comme un azimut. Je me souviens l'avoir grimpée avec des amis pour atteindre son ermitage à plus de 1 000 mètres d'altitude et y avoir tourné ma vidéo d'introduction pour les réseaux sociaux. Garrigues et restanques, oliviers et vignes ne feront que des apparitions furtives, pour mon plus grand malheur. Cette urbanisation excessive commence à me peser.

À Aix, en remontant le cours Mirabeau, je suis marqué par les hôtels particuliers et la fontaine des Quatre-Dauphins du XVIIe siècle, témoignages de l'art baroque jadis affectionné par la noblesse aixoise. L'église

Saint-Jean-de-Malte, dont le style gothique provençal remonte au XIIe siècle, me séduit particulièrement. Mais ma plus grosse surprise reste la majesté de la cathédrale Saint-Sauveur.

Édifiée sur les vestiges d'une ancienne église romane, la cathédrale partage ses fondations avec celles d'un ancien temple dédié au dieu Apollon. Sa construction s'étalera du IVe au… XVIIIe siècle. Elle est un palimpseste de styles, du roman au gothique, en passant par le baroque. Je découvre, ému, son baptistère paléochrétien, un des plus anciens vestiges de la chrétienté en France. Il est alimenté par les sources chaudes provenant d'anciens thermes romains.

Chaque fois que je découvrirai ces marques des premiers temps chrétiens me reviendra à l'esprit cette phrase d'Auguste Rodin : « Toute notre France est dans les cathédrales comme toute la Grèce est dans le Parthénon. » Lui le sculpteur géant ressentait mieux que quiconque cette synthèse.

Je ne m'attarde pas à Aix. Je n'aspire qu'à retrouver la nature même si cette ville a du charme. M'attendent deux jours de marche vers la Sainte-Baume, tout droit dans la verdure. Là reposent les reliques, considérées comme authentiques, de sainte Marie Madeleine, celle qui a embrassé les pieds du Christ. Quand on dit « authentique », à l'époque cela n'a pas le même sens qu'aujourd'hui : l'Église jugera la valeur de la relique à la qualité de ses fruits spirituels. Tandis que nos mentalités modernes, incrédules, réclament une authenticité totale tant du côté des reliques que des miracles. C'est la raison pour laquelle la légende des saints de Provence est si importante pour notre histoire et si bien ancrée dans la culture populaire.

À la Sainte-Baume, je fais une rencontre amusante avec une Québécoise. Elle joue de l'harmonica ; j'en ai un dans mon sac. En partant, ne pouvant prendre une guitare, instrument trop volumineux, j'ai opté pour ce petit instrument que l'on m'avait offert il y a quelques années. Je ne l'avais encore jamais déballé. Sans autre forme de procès, je lui demande de m'apprendre à en jouer. Pendant une heure nous improviserons des airs, sans nous parler. Les gens s'arrêteront pour nous écouter et nous encourager. Un peu plus tard, elle m'offrira l'autobus pour descendre du massif et arriver à Saint-Maximin. Nous profitons du trajet pour enfin en apprendre plus l'un sur l'autre. Veuve, elle est là avec son meilleur ami. Elle vient régulièrement en France faire des pèlerinages, et profiter surtout de la douceur du Midi et de la bienveillance des Provençaux.

Depuis Saint-Maximin, où un ami me rejoint, nous entamons une longue marche jusqu'à Cotignac, un petit village perché au bord d'une falaise, orné de maisons troglodytiques et de hauts cyprès. Ce coin de Provence est le théâtre d'une apparition de la Vierge Marie au XVIe siècle, puis, un peu plus loin, d'une apparition de saint Joseph au XVIIe siècle. Nous nous installons pour dormir à la belle étoile sur les restanques qui entourent l'église du sanctuaire dédié à la Sainte Famille.

Deux autres aventuriers, d'à peine dix-huit ans, campent à côté de nous. Nous sommes en train de sympathiser quand un sanglier sort des buissons tranquillement, sûr de lui. Si nos nouveaux amis sont tétanisés par la peur de ce jaillissement soudain d'une bête sauvage, mon ami et moi sommes, au contraire, très amusés par la situation. Nous nous approchons doucement de l'animal, suivant je ne sais quel instinct de vouloir le dompter. Celui-ci, avec son groin, ratisse la terre humide recouverte de rosée, à la recherche de racines et de glands. Nous ignorant d'abord avec orgueil, du genre « vous êtes sur mes terres », nous le houspillons afin qu'il aille se nourrir ailleurs. Sans succès. Dans une furie désarticulée, en poussant le plus fort possible des cris grotesques, nous finissons par charger le sanglier, qui détale sans demander son reste. Ce soir-là, avec la présence de nos jeunes pèlerins et une irrésistible envie de frimer, la scène prendra la forme d'un sketch absurde.

Des Saintes-Maries à la Bonne Mère, de la Sainte-Baume avec Marie Madeleine à saint Joseph de Cotignac, j'aurai croisé en l'espace de quelques jours, outre ce cochon, la route de tous les plus grands saints de la région. De quoi mériter un petit peu mon paradis.

Je croiserai de nouveau Guim à plusieurs reprises sur ma route. Cela me fait du bien d'avoir une sorte de compagnon de route par intermittence, avec qui échanger. Habillé de bric et de broc, avec son vélo et sa carriole, les cheveux mi-longs et des vêtements jamais assortis, il fait un hippie magnifique (et un peu douillet…).

*

Dans les journées qui suivent, à trois reprises, je refais l'expérience de l'accueil monastique : à la chartreuse de la Verne, à l'abbaye de Lérins, que j'ai rejointe grâce au bateau des moines, puis à l'abbaye Notre-Dame de Triors. Heureusement qu'ils sont là, moines et moniales, car se loger sur la Côte d'Azur devient de plus en plus difficile.

Il est heureux de savoir qu'il existe encore en France des lieux d'accueil inconditionnel, qui définissent et incarnent encore une vision de l'hospitalité à laquelle je suis particulièrement sensible. Héritée de la règle de saint Benoît, cette tradition millénaire est à mes yeux la plus belle. Je tiens peut-être cet élan de mon saint patron, Henri, qui ne voulait pas régner et s'était réfugié dans un monastère à la fin d'une de ses campagnes militaires. C'est le paradoxe du pèlerin : il ne peut pas s'empêcher de repartir tous les matins tout en rêvant de s'implanter définitivement dans les lieux qu'il traverse. Ceux où souffle l'esprit ; ceux qui conjuguent la beauté et le silence.

Une particularité des cathédrales du Midi est leur taille. Elles sont nombreuses à être modestes. Comme à Grasse, Vence et Antibes, où elles se trouvent soit au creux de la montagne, soit contre la mer. À Entrevaux, Sisteron, Senez et Digne, elles témoignent par leur humilité plus une histoire qu'une puissance. Celle de l'implantation du christianisme en France et en Europe. Leurs diocèses sont modestes et elles sont tout aussi discrètes.

Elles concentrent en elles l'esprit du roman et celui du sud de la France. Cette espèce de beauté dans la petitesse mise au service de Dieu. Elles racontent les débuts de la chrétienté, dans des petits villages. Ce qui n'empêche pas qu'un évêque ait une cathédrale. On sent qu'à l'époque où elles ont été érigées tout tourne autour d'elles. Ce n'est désormais plus le cas. *A contrario*, à Sospel, la cathédrale est majestueuse au centre d'un tout petit village.

À Sisteron, la cathédrale est fermée. Je fais des pieds et des mains auprès de l'office du tourisme et de la paroisse pour y accéder : la dame responsable est en vacances, alors vous comprenez... Oui mais une cathédrale doit rester ouverte ! Cela n'a pas de sens de la conserver uniquement pour ses vieilles pierres et les trésors qu'elle abrite. La porte doit être ouverte pour le badaud qui passe. Qui sait ? en quelques minutes il est possible de se laisser toucher, et de faire passer un message d'éternité. Malheureusement pour moi, je ne parviendrai pas à mes fins.

L'expérience du contraste entre la Côte d'Azur et l'arrière-pays est celle d'un vrai décalage. Je suis marqué par cette surenchère immobilière et touristique qui n'a aucun sens. Certains paient des fortunes pour y être en vacances, mais n'y habitent pas, au sens profond du terme. Personne ne semble ancré. On ne s'enracine pas en passant dans un lieu simplement quelques jours par an. On s'enracine en butant inlassablement contre l'environnement que l'on s'est choisi. On s'enracine lorsqu'il y a du sang, de la sueur et des larmes, des ancêtres et du bonheur mêlés à la terre que l'on foule de nos pieds. On ne s'enracine pas en restant chez soi au-dessus de quinze couches de béton. On s'enracine en butant sans cesse contre ce que la nature et le réel nous opposent systématiquement. Petit à petit, nos coups de boutoir vont rendre cette nature et ce réel à l'image de ce qu'il y a de plus beau en l'Homme. Et comme l'Homme est fait à l'image de Dieu, l'Homme rend son monde à l'image de Dieu. C'est ce que je crois, et l'expérience que j'en fais, depuis le début de cette aventure.

En m'éloignant de la Côte d'Azur, je songe à la chartreuse de la Verne. Au milieu du massif des Maures, dans l'arrière-pays toulonnais, le monastère Notre-Dame-de-Clémence est une ancienne chartreuse dont les moines furent chassés pendant la Révolution. Construite sur une croupe rocheuse, elle domine un paysage dont la beauté s'étend à perte de vue : à l'est la mer Méditerranée et la baie de Saint-Tropez, au nord les Préalpes enneigées au-dessus de Digne-les-Bains et de Nice. Les immenses étendues de la forêt de chênes verts et de châtaigniers ainsi que la rudesse du climat concourent à créer cet espace privilégié de « saint désert » monastique, splendeur mystérieuse entièrement réservée au Tout-Puissant où viennent cependant les pèlerins et les visiteurs en quête de prière silencieuse.

La chartreuse abrite aujourd'hui la communauté des moniales de Bethléem. Plusieurs dizaines de religieuses suivent une vie contemplative proche de celle des chartreux, inspirée par la règle de saint Bruno. Une vie de prière, de travail, de solitude, et de silence. J'assiste aux offices, porté par les chants grégoriens dont je suis émerveillé depuis ma découverte enfant.

À la Verne, je vis une expérience de félicité intérieure. Je cueille le fruit de ma liberté (re)trouvée. Avec une unique envie : appuyer sur pause.

Nous ne sommes que des êtres de passage sur Terre. Et nous sommes les seuls. Nous n'avons pas d'endroit où nous ne devons pas nous battre pour nous installer, pour habiter. Et quand on s'enracine quelque part, quand une famille habite une terre pour créer son « chez-soi », on ne fait que préfigurer le paradis, notre repos et bonheur final. L'ambition matérialiste de créer par la technique un monde optimal censé réaliser notre bonheur est une utopie. Quel terrible manque d'humilité de ne pas reconnaître la grandeur de l'Homme. La Terre n'est pas notre paradis. Notre art ne sera jamais à la hauteur de ce à quoi nous aspirons vraiment. Acceptons humblement que, sur Terre, l'Homme est perdu.

*

J'ai toujours pensé que le choix du prénom n'est pas anodin. Il dit quelque chose de la personne, notamment de sa relation avec son saint patron. J'aime profondément le mien. Henri est un modèle qui m'accompagne et veille sur moi. Je partage avec lui cette fascination pour la vie monastique.

Trois fois roi, deux fois empereur, il a régné sur presque toute l'Europe. Né en 973 à Altdorf, en Bavière, il est mort en 1024. Connu aussi sous le nom d'Henri II, empereur du Saint Empire romain germanique, il a été canonisé par l'Église catholique en 1146.

Désigné pour régner, il essaiera toute sa vie d'échapper à son destin ; sa volonté première était de devenir moine. Par devoir, il accepte de monter sur le trône, mais son appel intérieur reste intact. De retour d'une campagne militaire en France, une nuit, il se retire dans un monastère, à côté de Vannes. Recherché par ses hommes, il est retrouvé enfermé dans le cloître, en bure. « Altesse, votre empire vous attend. Vous devez revenir le gouverner. »

Devant son refus d'obtempérer, le père abbé lui parle :

– Henri, vous voulez devenir moine ?

– Oui, je le veux.

– Vous voulez donc faire vœu d'obéissance ?

– Je vous fais vœu d'obéissance mon père.

– Alors, je vous ordonne de retourner gouverner votre royaume.

Henri dut obéir.

Un autre devoir l'attend : assurer une descendance dynastique. Seulement, il a intérieurement décidé de consacrer sa virginité à Dieu. Par un coup de la Providence, la femme que le peuple lui désignera partagera ce même désir : Cunégonde aussi rêve de devenir religieuse. De nouveau, par devoir, ils se marient. Ils n'auront pas d'enfants, ayant partagé mutuellement leur vœu de chasteté.

*

Au bout de plusieurs semaines de remontée de la Côte d'Azur, j'arrive enfin à Monaco. Sur le trône ne se trouve ni un empereur, ni un roi, mais un prince régnant. Cette principauté étrange, à flanc de falaise, est une ville debout. Une forêt de buildings. Un mythe d'un kilomètre carré. Après le charme des villas provençales, c'est un drôle de monde dans lequel je me trouve plongé pour trois jours. Un dédale de tunnels et de souterrains. Tout est propre, il n'y a rien qui traîne par terre, pas même un mégot. J'arrive ici avec les yeux d'un enfant, accueilli par un des deux séminaristes du diocèse, Paolo, un Franco-Portugais. Le courant passe immédiatement. C'est lui qui est venu à ma rencontre, car il me suit sur Instagram depuis le début de l'aventure.

Je fais à Monaco l'expérience de la richesse poussée à l'extrême ; celle dénuée de sens. Un soir, en déambulant à côté du casino, nous voyons sortir d'une Lamborghini un petit homme âgé. À ses côtés, une créature blonde, plus jeune que moi, juchée sur des stilettos de quinze centimètres. Les deux se tiennent mutuellement la hanche dans une démarche qui ne laisse que peu d'ambiguïté.

Sur le coup, j'hallucine. Ce ne sont pas que des histoires de films ou des exagérations d'écrivains. La vision de ce couple me met mal à l'aise.

L'évêque, monseigneur Dominique-Marie David, le premier que je rencontre depuis le début de mon tour, me rappelle que la religion catholique est la religion d'État à Monaco. Il est lui-même, dans l'ordre protocolaire, le deuxième personnage de la principauté. Sa mission est aussi de veiller à l'éducation chrétienne des enfants du prince.

La cathédrale Notre-Dame-Immaculée de Monaco, de style romano-byzantin, est un pilier de l'identité monégasque. « Symbole d'un attachement fort à nos racines et à notre foi chrétienne », déclare le prince Albert II.

Mon œil est attiré par un retable des Pénitents blancs. Après avoir disparu, la confrérie a été

« réveillée » à Nice, il y a quelques années. Sa mission : aider les personnes isolées et dans le besoin. Plusieurs confréries sont actives dans le diocèse : les Pénitents blancs ; les Pénitents noirs ; les Pénitents rouges ; les Pénitents bleus. Toutes ces confréries sont des traditions du Sud, bien ancrées, qui paraissent désuètes au premier abord, mais connaissent pourtant un regain d'intérêt.

Monaco est une expérience contrastée. Son univers – gloire, argent et beauté – est en totale contradiction avec l'éducation et les valeurs que j'ai reçues. Pourtant, j'ai compris que, si l'argent coule à flot, cela n'empêche pas qu'il y règne une pauvreté spirituelle, surtout dans les bulles des milieux fortunés étrangers.

D'un autre côté, je suis heureux d'avoir pu connaître la ville à la veille du grand prix de formule 1, un sport dont je suis fan (et je n'ai pas résisté au plaisir de découvrir la collection de voitures du prince de Monaco). D'avoir rencontré des personnes d'une grande amabilité comme l'évêque ou Paolo. Un clergé qui se bat pour convertir tous les cœurs et tenter de répondre à toutes les misères.

Avant de repartir, monseigneur David me rappelle ce que Georges Duby écrit dans *Le Temps des cathédrales*[1] : « Il est évident qu'un monument en dit autant que des textes sur ce que les hommes de son temps

---

1. *Le Temps des cathédrales. L'art et la société, 980-1420*, Gallimard, 1976.

avaient dans l'esprit et que, le disant autrement, il en dit plus. » CQFD. En me donnant sa bénédiction, il m'encourage dans mon projet de faire redécouvrir les cathédrales. Et cela me donne une énergie folle.

*

Après le faste et le glamour de Monaco et la curieuse atmosphère de la Côte d'Azur, je remonte vers les Alpes-de-Haute-Provence, direction Entrevaux. Par la vallée du Var. Je traverse des forêts de pins et de châtaigniers, des champs d'oliviers plantés sur des restanques, des gorges escarpées que des villages perchés surplombent avec orgueil et humilité. Le climat peut être rude : chaud et sec l'été ; froid et humide l'hiver. Les pluies saisonnières, doublées de la descente des eaux des Alpes, ravinent furieusement la région à intervalles réguliers avec son lot de drames. Par moments, le paysage évoque même celui du Canada ou de la Nouvelle-Zélande. La montagne se fait sauvage et escarpée, et une grande vallée s'ouvre vers le nord, laissant en son centre couler une rivière. Les cailloux et les arbres sont les seuls compagnons de ce serpent argenté. Dans cet environnement, les orages sont fréquents.

C'est justement à cause de l'un d'entre eux que je me retrouve soudain obligé de trouver refuge sous le porche d'une maison, à l'entrée d'un petit village. Sur ma route vers Entrevaux, cet abri provisoire sera mon salut. Le ciel s'est soudain déchaîné et déverse des trombes d'eau sans pitié pour le pèlerin perméable que je suis. Sur la porte de la maison, je remarque une coquille Saint-Jacques. C'est peut-être là ma chance. Une dame visiblement retraitée ouvre sa fenêtre. La discussion s'engage. En lui expliquant ma démarche, je vois son visage petit à petit se détendre face à cet énergumène qui a pris son porche pour un parapluie. À la fin, elle m'ouvrira grand sa porte en me disant simplement : « Entrez, ici vous aurez le gîte et le couvert ce soir. »

Situé sur un éperon rocheux, Entrevaux est fondé quelques années avant le début de l'ère chrétienne. Dès le Ve siècle, à la fin de l'Empire romain, un évêché y existe qui perdurera jusqu'à la Révolution.

Au départ, le village est dans le contrebas de la vallée. Mais l'insécurité au Moyen Âge conduisit la population à migrer sur le site actuel, plus facile à défendre et à fortifier. Situé au confluent de deux vallées, Entrevaux est né, un château fort le protège.

La cathédrale actuelle est édifiée au XVIIe siècle. En raison des contraintes physiques et des impératifs défensifs, elle est modeste : une unique nef de trois travées dépourvues de chapelles latérales, de 40 mètres de long et 10 de large sous une voûte de 14 mètres. Sa façade sud est agrémentée de trois vitraux tandis que le mur nord reste sans ouvertures.

Remaniée par le génial Vauban, la forteresse résistera victorieusement aux assauts des troupes du duc de

Savoie allié de l'empereur d'Autriche pendant la guerre de Succession d'Espagne, au début du XVIIIe siècle. La cathédrale y joua aussi un rôle : intégré aux fortifications du village, son clocher, muni de créneaux, sert de tour de défense.

Je suis seul pour admirer son chœur baroque somptueusement orné : retables et peintures du XVIIe siècle ; buste reliquaire en cuivre argenté de saint Jean Baptiste du XVIIIe ; chaire et stalles en noyer ; calice en or, patène en argent et plats de quête en cuivre ; orgue d'Eustache. Comme c'est étonnant... !

Le square d'Annecy

Chapitre 7

Soudain, un cri retentit

À Embrun, je prends conscience que je ne pourrai pas réaliser mon tour de France à pied. Trop long. Je suis trop lent. Après deux mois de marche, je commence à le ressentir dans les jambes et le dos, et mon genou droit me fait souffrir.

Le prêtre qui m'accueille m'aide à discerner :

– Es-tu heureux de ce que tu as déjà vécu ?

– Oui, c'est une aventure à pied comme je la souhaitais.

– Que veux-tu pour la suite ?

– Transmettre la beauté des cathédrales.

– Donne-toi les moyens de le faire, fais de l'auto-stop.

– Vous avez raison mon père.

Cette décision me permet d'accélérer le pas (*sic*) : après un passage à Notre-Dame du Laus et Notre-Dame de la Salette, je fais un détour par la vallée du Rhône. Je m'arrête à Saint-Étienne et Lyon. Je vais à Chambéry, puis Annecy où je reste deux jours chez un oncle et une tante. Entourée par les montagnes et donnant sur le lac, la ville est radieuse sous un soleil de printemps.

Au petit matin, je suis sur le point de quitter la ville. Il est encore tôt. Direction le grand parc du Pâquier, sur le bord du lac. Je me pose sur un banc pour admirer la vue, répondre à mes messages, définir mon itinéraire de la journée – destination l'abbaye d'Hautecombe –, et faire mon oraison face aux montagnes. Il n'y a rien de mieux que de prier dans la nature – une discipline à laquelle j'ai tenté de m'astreindre depuis le début de mon périple. Sa beauté est la promesse d'un moment de sérénité retrouvée.

Avant de quitter la « Venise des Alpes », je souhaite revoir une dernière fois la cathédrale Saint-Pierre. On dit que sa façade du XVIe siècle est inspirée d'un modèle romain.

Je me lève. Trois itinéraires sont possibles pour la rejoindre : soit longer le lac, soit prendre la route et faire le tour par la ville, soit couper à travers le parc. De façon instinctive, je choisis la troisième option. Celle qui me fera arriver au bon moment, au bon endroit.

J'aurais pu ne pas m'asseoir sur ce banc ; j'aurais pu rester plus longtemps, ou moins longtemps ; j'aurais pu ne pas être là au moment de l'attentat. C'est parce que je me suis posé, que je suis resté un long moment à prier, que je me suis relevé et que j'ai traversé le parc en diagonale, que j'arrive à l'endroit et au moment où un homme décide de poignarder des bébés et des personnes âgées. Mystère de ma présence dans un lieu où je ne savais pas ce qui se déroulerait, et qui bouleversera ma vie.

Dans le parc, des familles se promènent paisiblement, des lycéens jouent en groupe, des sportifs passent en courant. Il est environ 9 heures.

Soudain, un cri retentit.

À 30 mètres de l'endroit où je suis, une mère se jette sur une poussette et en extirpe un enfant. Le père semble sous le choc et lève les bras. Ils s'expriment en anglais.

Un grand type, habillé sombrement, keffieh sur la tête, déguerpit en courant. Au premier coup d'œil je pense que c'est un vol à l'arraché, que des touristes viennent de se faire voler un téléphone.

En y regardant de plus près, je m'aperçois que ce n'est pas un téléphone que l'agresseur tient dans la main droite, mais un long couteau noir de presque 20 centimètres.

Il court vers un petit square dans lequel jouent une dizaine d'enfants en bas âge. Sans hésiter une seconde, il passe la barrière et commence à frapper les enfants avec son couteau. Je reste une demi-seconde médusé par ce que je vois.

Mon cœur bat violemment quand je prends enfin la mesure de l'attaque qui se déroule à 20 mètres devant moi. Le sang dans mes tempes commence à exploser et je sens mes jambes flancher. Pourtant je dois réagir. Et vite.

Je ne sais par quel miracle je trouve en moi la ressource nécessaire pour poser cet acte de volonté. Sans que j'en aie réellement conscience, quelque chose au fond de moi me pousse à l'action. Je me surprends à courir dans la direction de l'agresseur. Je ne sais pas ce que je vais faire. Je ne sais pas comment je vais lui faire face. Je ne sais pas comment réagir. Je ne suis même pas sûr que tout cela soit bien réel d'ailleurs. Mon cerveau se débranche.

Deux images s'ancrent alors dans ma tête. La première est celle de saint Michel, le patron du Mont-Saint-Michel, l'ange gardien de la France, celui qui chassa les démons du ciel après leur rébellion contre Dieu. La seconde est celle d'Arnaud Beltrame, officier de la gendarmerie française qui s'est sacrifié à la place d'une otage lors d'un attentat dans un supermarché à Trèbes. Je me dis : « Quelle que soit l'issue, il l'a fait, je le fais ! »

L'agresseur est en train de ressortir du square. Des parents, en criant, fuient l'endroit en portant leur précieuse progéniture. D'autres, hagards, ne comprennent pas ce qui se passe. J'aperçois des enfants blessés, gisant au sol.

J'attrape mon petit sac à dos ventral. Je le brandis comme une espèce de massue et tente de frapper l'agresseur qui se dirige vers moi. En me voyant, il s'arrête, il hésite. Dans un geste violent, il donne des coups de couteau dans ma direction. Je les évite en reculant d'un mètre. Nous nous faisons maintenant face.

À travers ses grosses lunettes de soleil, il me regarde droit dans les yeux. Je le fixe. Il comprend que je ne reculerai pas. Je porte un tee-shirt bleu marine avec un logo et un drapeau français sur la manche. Peut-être imagine-t-il que je suis policier ?

Soudain, il fait demi-tour et pénètre de nouveau dans le square, celui où maintenant se traîne une poussette qu'une nounou essaie désespérément de faire sortir. Je le suis.

De nouveau, l'agresseur lève son bras armé du couteau et l'abat plusieurs fois dans la poussette. Sans réfléchir, je sens que ma seule option est de le faire fuir. Je lui jette mon sac à la figure. Il l'esquive de justesse et commence à courir. Il ressort du square et se jette sur la grande pelouse au milieu du parc.

Jusque-là, sous la pression, j'ai été incapable de décontracter ma mâchoire. En le poursuivant, en sortant du square, je réussis enfin à crier : « La police ! Appelez la police ! » Au fond du parc, d'autres appels résonnent : « La police ! La police ! » On me répond : « Ils arrivent ! »

Je continue à pourchasser l'agresseur. Lui, perdu, cherche qui poignarder. Il commence à tourner dans tous les sens, ne sachant pas dans quelle direction aller. Il me crie dessus ; je lui réponds.

Je m'arrête, et dépose mon gros sac sur le sol. Je continue à le suivre avec mon petit sac à la main, que j'ai ramassé. Sur ma gauche, un homme semble hésiter. Je l'appelle : « Viens ! Prends-le sur la gauche et cours avec moi ! »

L'agresseur crie : « *In the name of Jesus-Christ! My daughter, my wife !* » Je lui réponds : « Jésus-Christ de rien du tout. Arrête ! » À vrai dire, je ne sais plus exactement ce que je lui dis. Ce que je sais, et ce que je crois comprendre, est qu'il revendique son agression, au nom de sa femme et de sa fille. Il porte dans la main gauche un crucifix, et sur la tête un keffieh. Une coiffe dont je sais qu'elle n'est pas portée par les chrétiens d'Orient.

Le temps s'arrête. Lui ne sait toujours pas où aller. Moi, je n'ose pas l'approcher. Il tient toujours dans sa main un long couteau, et même avec un sac à dos en guise d'« arme » ou de bouclier, c'est selon, je ne peux strictement rien faire. Il est plus grand et plus carré que moi. Il ne s'en prendra qu'à plus faible que lui. Il voit que je ne lâcherai pas. Nous sommes maintenant plusieurs à l'entourer et le retenir. Il ne sait pas où aller.

Il aperçoit un peu plus loin un monsieur âgé assis sur un banc qui ne semble pas se rendre compte de ce qui se passe. Malgré les cris d'avertissement de tout le monde aux alentours, il ne bouge pas. Peut-être trop âgé pour prendre ses jambes à son cou. Moi aussi je l'ai vu. Je comprends tout de suite l'intention de l'agresseur. Je crie pour le prévenir de bouger. Cela ne sert à rien. Il ne réagit pas.

L'agresseur charge dans sa direction, je cours derrière lui. Sur ma droite arrive un jeune. Il me rejoint et tente de le bloquer par la droite. Nous arrivons à peu près tous ensemble au niveau du vieux monsieur. Au moment où il va le frapper, nous saisissons sa victime, la levons du banc et la mettons à l'abri derrière moi. Il s'en sortira avec une blessure légère au coude.

Je croise alors deux employés municipaux avec des pelles. Je les pousse à taper le terroriste avec. Sans succès. Mais ce dernier est de nouveau encerclé.

Comprenant qu'il ne peut rien faire, l'agresseur s'élance en direction d'un couple de personnes âgées qui marche vers lui. Une dernière fois, je me mets à courir derrière lui, essayant d'alerter en agitant mes bras et en donnant de la voix, le couple qui va se faire attaquer.

J'entends alors une voix derrière moi : « C'est qui, c'est qui ? » Je me retourne et je vois un policier pistolet au poing. Je lui indique l'agresseur : « C'est le grand, avec un tissu sur la tête ! »

Lorsque le terroriste donne deux coups de couteau dans le dos de l'homme âgé, un coup de feu retentit : le policier vient de tirer. L'agresseur et sa victime s'écroulent par terre, l'un sur l'autre. Arrivé en même temps du bord du lac, un cycliste – un gendarme en vacances – se jette sur le terroriste et lui fait une clef de bras, suivi par deux motards de la police… À trois, ils l'immobilisent.

Encore sous adrénaline, mon premier réflexe est de faire demi-tour et de courir de nouveau vers le banc où le vieux monsieur se tenait le coude. Je lui demande si tout va bien. Il me montre sa blessure, apparemment superficielle. Je lui dis de rester assis, le temps que quelqu'un le prenne en charge. Je retourne en direction du square où je crains le pire.

Là, je contemple impuissant un enfant étendu par terre, baignant dans le sang. Une femme et un cycliste sont penchés sur lui. Ils lui maintiennent avec les mains ce que je devine être ses plaies, ne les voyant pas. Elle lui parle : « Ne lâche rien, reste avec nous. »

Un peu plus loin, une nounou épouvantée pousse des cris d'effroi. Bouleversée, elle s'agite dans tous les sens, pleure, se tape la tête. Les premiers secours médicaux sont là. Ils tentent de la calmer en l'éloignant de la poussette, et soignent les enfants blessés.

Étourdi, je vacille. La vision des petits corps lacérés de coups et couverts de sang m'obsède. Je suis impuissant. Mon corps choisit ce moment, après avoir été tendu, sous pression, pour se relâcher. Je m'assois sur mon sac à dos. Prostré, je suis dans un trou noir. Pendant de longues minutes, j'ai du mal à respirer. Je m'accroche alors à la seule chose qui tienne, la prière. J'en balbutie des bribes. J'invoque la Vierge Marie, saint Henri et sainte Jeanne d'Arc. Impossible de me concentrer. J'ai du mal à déglutir.

J'aperçois un officier de police qui semble lui aussi perdu. Je lui fais signe, il s'approche de moi, et lui déclare : « J'ai tout vu ! Je peux tout raconter. » Les yeux perdus, machinalement, il sort un carnet de sa poche. Il note mon nom. Au bout de quelques secondes, nous nous regardons. Je lui dis :

– Ce n'est peut-être pas encore le moment.

– Oui, restez ici. On viendra vous chercher.

Autour de moi, tout s'accélère. Je ne sais pas si c'est moi qui perds la notion du temps ou si les choses sont vraiment allées à toute vitesse, mais dans mon esprit, quelques minutes plus tard, je suis emmené avec d'autres témoins par un officier de police dans un espace isolé.

Le drame aura duré plus de cinq minutes entre le premier appel et l'arrivée de la police. Très long, très court. Le temps d'un éclair ou d'une éternité. Le temps de maintenir l'assassin en dehors d'une zone d'agression, vous l'avez fait fuir, m'expliqueront les policiers. Certes, il a grièvement blessé quatre enfants et moins gravement deux personnes âgées. Mais il aurait pu faire beaucoup plus de victimes pendant ces longues minutes.

*

Un impressionnant dispositif, piloté par la préfecture, est mis en place. Pompiers, SAMU, sécurité civile, armée, gendarmerie et police interviennent tous ensemble. L'urgence est de soigner les blessés, déminer le sac de l'assassin.

Tous les témoins sont rassemblés dans un café réquisitionné pour l'occasion. Un pompier nous demande si nous tenons émotionnellement et psychologiquement. Des lycéens qui faisaient du sport dans le parc sont en état de choc. On nous demande de ne pas parler entre nous pour ne pas influencer nos futures dépositions. Nos témoignages doivent rester aussi « purs » que possible.

Prostré, sonné, je laisse un message vocal à ma famille. Ma mère est la première informée. Branle-bas de combat. Mon message est relayé auprès des communautés religieuses. Des messes sont dites pour tous les blessés. Cette mobilisation me touche.

Avec les témoins, une quarantaine, nous partons pour la préfecture. Je suis rapidement identifié comme témoin principal. Ma déposition auprès de deux officiers de police judiciaire dure trois heures. Ils sont froids, ils veulent des faits… alors que je n'aspire qu'à deux choses : les aider et m'épancher pour libérer mes émotions. L'exercice s'avère redoutable. Quelques heures après l'événement, il faut tout raconter dans les moindres détails. Ils m'informent aussi qu'une cellule de soutien psychologique a été mise en place.

In fine, aucune plainte ne sera déposée contre l'agresseur, par aucune des victimes. Je n'aurai aucun contact avec celles-ci. Quant à l'agresseur, d'origine syrienne, il est interné dans un hôpital psychiatrique.

*

Je ne voulais pas devenir un personnage public. Pourtant, vingt-quatre heures après l'attaque, je le serai.

L'information de l'attentat sort sur les réseaux sociaux en fin de matinée. Les premières vidéos où l'on me voit en début d'après-midi. Très vite, je suis identifié sur Twitter, Instagram, Linkedin. On trouve mon numéro de téléphone portable. Deux semaines avant, j'ai donné une interview au quotidien régional, *Le Dauphiné libéré.*

En sortant de la préfecture, j'ai reçu des dizaines de messages de journalistes. Je réponds à quelques-uns : C'est bien moi, mais je ne parlerai pas.

Je retourne chez mon oncle et ma tante, dans un état second. Dans ma tête, j'imagine me reposer quelques jours puis repartir. Petit à petit, je reçois des appels d'amis : On voit ta vidéo partout ! On me dit de ne pas regarder mon téléphone. Naturellement, je ne fais que ça. Bombardé de notifications, je constate que tous les groupes et les fils auxquels j'appartiens se sont emballés à mon sujet.

En début de soirée, la sonnerie de la porte d'entrée retentit :

– Bonjour, c'est BFM TV, pourrait-on parler à Henri ?

– Comment savez-vous qu'il est là ? leur demande mon oncle.

– Ah, il n'a pas désactivé la géolocalisation sur son téléphone.

Caché derrière la porte, je reçois des SMS du directeur de la rédaction de BFM TV : « Henri, tu es dans le live dans vingt minutes. Nous voulons avoir ton témoignage à l'écran. Peux-tu me répondre s'il te plaît ? » Toutes les cinq minutes, j'aurai un nouveau message « dans quinze minutes, dans dix minutes, dans cinq minutes… ».

Jetant un regard par la fenêtre, j'aperçois quelques journalistes faisant le pied de grue devant la maison. Je comprends que je ne pourrai pas leur échapper.

Ils camperont toute la nuit. Au petit matin, ils glisseront des mots : « Cher Henri, nous savons à quel point tu te bats pour la beauté de la France, son patrimoine et ses cathédrales. Nous serions si heureux de pouvoir t'interviewer et de te donner une occasion de partager ton témoignage avec les téléspectateurs… »

Faisant le constat que les médias sont prêts à tout, je prends conscience de la dimension que cette affaire a prise sur la scène nationale. Du gibier médiatique que je suis en train de devenir sans le vouloir et sans avoir rien fait.

J'appelle mes parents : Qu'est-ce que je fais ? Je ne veux pas prendre la parole. Je connais la société du spectacle, je sais ce qui va se mettre en place. Je sais à quel point elle peut broyer. Je n'ai aucune envie d'entrer dans son jeu. Cela ne m'intéresse pas. Allez, c'est bon, on ne va pas en faire tout un plat. Je disparais.

Dans la soirée, je tombe sur une interview du ministre de l'Intérieur : Vous voyez bien, chez les cathos, ils ont aussi leurs extrémistes. Pardon ? L'assassin serait catholique ? Certes, il était ambigu, mais la déclaration du ministre m'agace. Comment ose-t-il dire une chose pareille ? Il est encore trop tôt pour savoir au nom de qui, ou pourquoi cet homme a tenté d'assassiner plusieurs enfants et des adultes. Ne suis-je pas légitime pour m'exprimer ? Parce que je suis intervenu pour l'empêcher de commettre plus de crimes qu'il n'en avait déjà commis, et parce que je suis catholique.

Après, je songe à mon tour de France des cathédrales. Il n'était peut-être pas anodin que je sois à Annecy, dans le parc du Pâquier, ce matin.

*

J'appelle un ami dont le père est journaliste :

– Je sais pourquoi tu m'appelles Henri. Je te le passe.

– Bonsoir monsieur.

– Salut Henri, moi c'est JB maintenant.

– OK, JB.

– On est devant la télé. Tu veux témoigner ?

– Non, mais en fait oui. Je vous appelle pour savoir s'il faut que je le fasse. J'ai besoin de vos conseils. Et si je le fais, qu'est-ce que je dis ? Comment envisagez-vous cela ?

– Henri, tu n'as pas compris. Là, tu es la star que tout le monde veut sur son plateau. Tu as une fenêtre médiatique que tout le monde rêve d'avoir. Soit tu l'utilises pour faire passer ton message. Soit tu n'en profites pas, tu fais profil bas et elle se referme à jamais. C'est tout à ton honneur, mais tu rates un moment. Or je sais que tu es un homme de conviction et que tu souhaites témoigner. La question qu'il faut se poser maintenant est : quel est ton message ?

– Vous avez raison.

À cet instant, je sais que le vrai combat commence. Ce que j'ai vécu ce matin est peut-être un signe que le Bon Dieu me met entre les mains pour que je témoigne.

– Alors, quel est ton plan d'attaque Henri ?

– Je veux faire une lettre ouverte.

– Aïe, je crois que tu n'as pas compris. Demain, c'est les télévisions qu'il te faut ; après-demain, les radios ; ensuite, les journaux…

– Attends JB, je ne veux pas passer à la télé.

– Allez, Henri, il faut au moins que tu en fasses une. Fais-moi ce cadeau.

Nous nous mettons d'accord : une chaîne d'information en continu, et une généraliste ; pas plus de dix minutes d'interview, et aucune question à caractère politique.

Avec JB, nous travaillons le message jusqu'à une heure du matin. Média training express. On reformule mes propos, on identifie les mots clefs – les fameux éléments de langage. Par téléphone, on fait une simulation d'interview.

Au réveil, en ouvrant mes volets, je découvre qu'une meute de journalistes m'attend toujours devant la maison. Des cars régie de télévision stationnent dans la rue toutes antennes déployées. Ils ont campé là pendant la nuit.

Avec mon oncle et ma tante, nous avons installé, sous les toits de leur maison, une pièce qui s'est transformée en studio de télévision.

9 h 30, duplex avec Paris. Le premier direct commence pour dix minutes. Je suis stressé. Je croise les bras pour me donner de la contenance et ne pas trembler. Le journaliste me gardera 35 minutes. Je me débrouille ; je place mes mots clefs. En rendant l'antenne, soulagé, je me dis qu'il ne reste plus qu'une autre interview, et ce sera fini. Erreur. Je reçois dans la foulée un appel de JB :

– Henri, tu crèves l'écran. J'étais avec les producteurs de l'émission, ils n'ont jamais connu un tel pic d'audience.

– Et alors ?

– Eh bien, tu dois faire toutes les télévisions à partir de maintenant.

Toute la matinée, j'enchaînerai les interviews avec les télévisions et les radios. À mesure que le temps passe, mes réponses deviennent mécaniques.

*

À l'occasion de ma première interview en direct, j'apprends que le président de la République se déplacera dans l'après-midi à Annecy. Et qu'il souhaite me rencontrer. À l'heure du déjeuner, je reçois un message de la sécurité du chef de l'État : On vous envoie une escorte policière pour vous rendre à la préfecture.

J'y retrouve les personnes avec lesquelles je me suis opposé à l'agresseur. Nous attendons le président de la République qui est d'abord passé voir les enfants à l'hôpital. Nous sommes nombreux dans la salle, plusieurs centaines. Tous les fonctionnaires qui sont intervenus la veille.

Emmanuel Macron salue chacun d'entre nous. Je suis le dernier. Le moment que toutes les télévisions attendent : « Le héros au sac à dos d'Annecy », « Le chef de l'État va-t-il le féliciter ? »

Fatigué après plus d'une heure et demie de remerciements, dans la torpeur de la grande salle préfectorale, le président n'a pas entendu mon nom qui lui a été soufflé à l'oreille par un conseiller. En me serrant la main il me demande qui je suis. Je me présente. Il me reconnaît et engage une petite conversation au cours de laquelle il me remercie.

– Monsieur le Président, j'ai une demande à vous formuler.

– Oui, Henri, je vous écoute, me répond-il en me saisissant l'avant-bras.

– J'aimerais assister à l'inauguration de la cathédrale Notre-Dame de Paris. Ce sera un moment très important.

– Oui Henri, je vous en fais la promesse.

L'idée m'a été soufflée par un membre de son cabinet, ami de mes parents. Trop fatigué, je n'y aurais autrement pas pensé.

Malin, le président de la République a compris qui je suis. Dans le discours qu'il prononce à cette occasion, il rend hommage à la France. Celle dont les origines familiales, marquées par le sceau d'un long héritage, permettent des actions héroïques.

Emmanuel Macron est étonnant. Il a ce charisme de capter toute l'attention de son interlocuteur et, en retour, de donner l'impression qu'il est tout à lui. D'être seul au monde avec lui.

Au cours du verre qui a suivi cette présentation, je demande au président de la République des nouvelles des enfants et des deux adultes blessés. Ils devraient s'en sortir, me dit-il avec compassion, plus aucun pronostic vital n'est engagé. Je lui réponds que j'ai prié pour eux.

Le soir, l'évêque d'Annecy, monseigneur Yves Le Saux, organise une soirée de prière à la cathédrale en hommage aux blessés. Tous les journalistes à qui je n'ai pas pu accorder une interview m'attendent sur le parvis. Je décide que seule la journaliste de l'Agence France-Presse me posera des questions au nom de tous ses confrères.

Le curé du centre-ville d'Annecy, qui est un ami, me tire par la manche : Allez, c'est bon, on arrête les journalistes, viens prier. À la fin de la veillée, on me prévient qu'un pool de journalistes attend encore dehors. Pour les éviter, un paroissien m'aide à sortir par une porte dérobée à l'arrière de la cathédrale.

Le lendemain, samedi matin, je rencontre l'évêque d'Annecy à l'archevêché.

– Henri, merci pour ce que vous avez fait, mais je ne te considère pas comme un héros. Vous avez simplement fait votre devoir de chrétien.

– Merci monseigneur, c'est la première fois qu'on me le dit depuis trois jours. Cela me fait un bien fou. J'ai besoin d'entendre ça. Depuis trois jours, c'était la surenchère, « Henri le héros au sac à dos ».

– Pour moi, vous avez fait votre devoir de scout et de chrétien. Bravo pour ça. Bon courage pour la suite. Priez bien, je prie pour vous.

Je suis heureux de cet entretien. Il est le premier à me dire la vérité. En sortant, je rappelle JB : il faut arrêter. Nous décidons de clore la séquence « Henri au sac à dos ». Si on doit reprendre la parole dans les médias, le nouveau mot d'ordre sera « Henri et les cathédrales ». C'est ce que nous ferons.

En trois jours, mon compte Instagram est passé de 12 000 à 130 000 abonnés. Ça fait sourire mes amis. En actualisant ma page, ils constatent que je gagne des milliers d'abonnés toutes les demi-heures.

Dimanche, je vais à la messe en dehors d'Annecy, pensant que je pourrai passer incognito. Erreur. Je suis placé au premier rang. Bien que ce soit la Fête-Dieu, je décide de ne pas assister à la procession, je rentre chez mon oncle et ma tante. Pour la première fois depuis quatre jours, je réussirai à retrouver un peu de sommeil au cours de la nuit.

Cathédrale Notre-Dame de Strasbourg

Chapitre 8

Il est temps de transmettre

Les conséquences de l'attentat d'Annecy se dévoilent petit à petit. À mesure que les jours passent, je saisis mieux la nature de la personnalité médiatique que je suis devenu. De l'impact que j'ai et donc du message que je peux faire passer. Mon aventure, elle aussi, se transforme. Je suis dans une démarche totale de transmission.

Mon frère Philippe m'a rejoint au Grand-Bornand où je me repose dans un hôtel. Nous n'avons pas besoin de nous parler pour nous comprendre. Ma famille est rassurée ; à commencer par ma mère naturellement.

Mes parents souhaitaient me rejoindre lors des événements d'Annecy. Je les en ai dissuadés. Cela ferait trop d'émotions à contenir ; la mienne et les leurs. J'ai simplement besoin de savoir qu'ils m'aiment et pensent à moi. Ils ont été formidables ; ils l'ont compris. Nous nous verrons plus tard, pendant l'été.

Après la tornade médiatique, ce besoin de repos est vital. La psychologue que je consulte m'explique que je n'aurais jamais dû courir ce marathon médiatique après l'attentat. En effet, après avoir subi ce choc traumatique, je suis resté dans cet état pendant trois jours d'affilée. Mon corps et mon cerveau n'ont alors pas eu le temps, ni l'occasion, de se reposer pour faire redescendre les hormones poussées à leur maximum dans un réflexe de survie lors de ma lutte contre l'agresseur.

Or, ces hormones empoisonnent le cerveau et le sang. Cela se manifestera par la perte durable de sommeil et d'appétit. D'où la nécessité, après un tel trauma, de s'arrêter, loin de tout, pour que, doucement, les marqueurs hormonaux redescendent.

Le programme de mes journées à la montagne est simple : randonnées, chaise longue, sieste, prière.

Ces heures de tranquillité m'apaisent. Elles m'aident à retrouver mon équilibre physique. Mon corps est détraqué. Mon sommeil est brouillé. Je peux m'endormir au milieu de la matinée pour quelques heures, allongé sur une chaise longue au soleil ; et ne pas réussir à fermer l'œil de la nuit. Quant à mon appétit, il est aléatoire. Je peux ne pas avoir faim et trembler, mon corps manifestant le besoin d'être nourri, sans réussir à rien avaler.

Dans la petite vallée alpine du Grand-Bornand, je me rends tous les jours au bord d'une rivière. Le site est beau. J'ai toujours aimé les cours d'eau. Autant de veines de sang bleu qui irriguent notre pays, façonnent son paysage et délimitent les frontières internes. Tapageurs torrents dévalant les Alpes ou paisibles canaux artificiels convoyant les vacanciers occitans, tous sont animés par cette paisible indifférence de l'eau. Elle coule, glisse, rebondit et s'infiltre, parfois violente, souvent discrète.

Elle poursuit une mission immuable, fidèle au merveilleux cycle sans lequel nous ne pourrions vivre. Depuis des millions d'années, la même musique enchante les replis de notre géographie. Depuis des millions d'années, la même matière liquide creuse les fossés, zigzague entre les pierres, arrondit leurs arêtes.

Après le tourbillon médiatique du début du mois de juin, qui m'a propulsé au milieu de toutes les attentions, il me fallait retrouver le réel.

La fugacité de l'eau qui passe me permet de ressaisir le message des pierres éternelles de nos cathédrales. Voilà tout le sens de mon pèlerinage initié il y a trois mois.

Être pèlerin à vingt-quatre ans, quelle drôle d'idée ! Décider de sacrifier son temps et sa jeunesse, en voilà une lubie peu commune. Pourquoi faire un tour de France des cathédrales ? Ne vaudrait-il pas mieux travailler sérieusement ? gagner de l'argent ? Qui sait ce que nous réserve l'avenir ? Assure-toi dès maintenant. Profite tant que t'es jeune, tu as l'énergie d'assumer tes ambitions !

Voilà, en somme, les questions et réflexions – légitimes ! – qui nourrissent une bonne partie de mes échanges avec les personnes rencontrées sur le chemin. Et je dois bien avouer qu'à mesure que j'expliquais mon projet je me mettais moi-même à douter de ma démarche. Il faut croire que la Providence est bonne. Les événements me donnent matière à méditer.

En ayant perdu depuis Annecy ce à quoi j'ai pu goûter auparavant, je me rends mieux compte aujourd'hui du trésor que réserve la démarche du pèlerin. Et sans chercher à mettre sur les routes tous ceux qui voudront bien me lire, j'ai au moins l'espoir de montrer la beauté du pèlerinage.

Celui qui volontairement s'extrait du monde pour user ses semelles et défier l'horizon s'inscrit dans le temps long. Lorsque j'ai enfilé mon sac et commencé à descendre la Provence, j'ai progressivement coupé les attaches qui me retenaient dans le monde et sa folie. Deux voire trois semaines furent nécessaires à cet apprentissage. En allant visiter une par une les cathédrales du sud de la France et n'ayant côtoyé que leurs vieilles pierres pendant tout ce temps, j'ai petit à petit apprivoisé le rythme du soleil. Et j'ai perdu la notion du temps.

Mon nouveau *leitmotiv* fut la pratique de l'abandon à l'événement. Celui qui arrive à coup sûr mais qui surprend toujours : une rencontre, un paysage, une douleur, une joie... C'est uniquement lorsque nos seules occupations redeviennent simples (manger, boire, marcher, dormir) que nous pouvons nous reconnecter à l'essentiel et renouer avec le temps long. Notre seul horizon devient celui que l'humanité entière partage. Si bizarre qu'elle puisse paraître, il faut tenter l'expérience : notre cerveau, lassé de ressasser sans cesse les mêmes choses, finit par se vider. La pure contemplation peut alors commencer.

Et nous sommes alors totalement disposés à la rencontre. Le pèlerinage ne me semble pas être une œuvre solitaire. Bien au contraire ! L'abandon matériel pousse inévitablement le cœur à s'ouvrir à l'inconnu, au passant, à la vieille dame que l'on démarche pour dormir chez elle, au couple qui s'étonne que l'on vienne sonner chez lui pour se reposer. Qu'elle est étrange cette volonté de dépendre totalement des autres, dans notre société où l'autonomie est presque un absolu ! Et que l'on soit croyant ou non, ces rencontres se transforment en prières. Elles sont d'autant plus profondes qu'elles sont éphémères. D'autant plus intenses qu'elles sont sans engagement. Lorsque je quitte le pas des maisons qui m'ont généreusement accueilli, c'est dans mon cœur que j'emporte leur présence, avec la promesse d'aller les déposer dans toutes les cathédrales de France.

Le pèlerin est un témoin. Témoin de son époque, de son pays et de ses mœurs. Témoin des âmes qui s'ouvrent, des cœurs qui souffrent, des corps qui aiment. À l'origine du pèlerinage, il y a toujours une quête. Pour beaucoup, cette quête est orientée vers eux-mêmes : qui suis-je ? où vais-je ? que faire ? Pour moi, me sachant enfant de rien, pèlerin de Dieu, ma quête de cathédrales concerne mon pays. Je veux être leur témoin. Nous devons être leurs témoins.

En s'inscrivant dans le temps long, en s'abandonnant à la Providence, en ouvrant son cœur et son intelligence aux rencontres, le pèlerin témoigne les grandeurs et des misères qu'il côtoie. Au détour d'un chemin tortueux, il a rendez-vous avec son destin. Détaché du monde, sur les sentiers du temps, à la manière de nos cathédrales, il peut enfin transmettre des messages d'éternité.

Avec mon frère, nous entreprenons l'ascension d'un sommet. Le mont Lachat de Châtillon est un paradis perdu. Une course difficile, mais salutaire. Rentré épuisé, mon corps, après avoir été durement sollicité, retrouvera à partir de ce moment un nouvel équilibre.

Dois-je cesser de marcher sur le chemin des cathédrales ? Mon entourage le pense ; pas moi. Je souhaite poursuivre cette aventure. À aucun moment dans ma tête, il n'est question de m'arrêter. Une pause, oui ; une renonciation, non. Jamais de la vie. J'ai les cathédrales chevillées au corps, plus que jamais.

Une des grâces vécues pendant ces journées concerne mes amis. Tous mes groupes amicaux créés au fil du temps autour de mes activités se ressoudent. Ceux qui s'en étaient éloignés reviennent. Nous avons de la joie à nous retrouver. Pour la première fois, nous faisons des visios ensemble, chose que nous n'avions jamais faite auparavant. Ils m'apportent un soutien bienvenu.

*

Abdelmasih Hannoun est syrien. Pourquoi a-t-il commis ces agressions ? À quelle propagande a-t-il cédé ? À quel ordre a-t-il obéi ? Est-il un « loup solitaire » ou bien un malade mental ? Dans tous les cas, le Mal s'est servi de lui comme d'un instrument pour semer la terreur et faire souffrir des enfants, des hommes et des femmes.

Je ne l'ai pas revu. On le dit dans un hôpital psychiatrique. Rien, ou si peu, n'a été dit sur lui.

Que puis-je faire ? Peu de chose en l'état, si ce n'est prier pour lui, sa femme et sa fille.

*

Après Le Grand-Bornand, je reprends la route, accompagné de plusieurs journalistes, français et suisses, pour quelques jours. Proche de la frontière helvétique, l'affaire a fait la une des journaux en Suisse. Un magazine à gros tirage a même envoyé un photographe.

Après avoir hésité, finalement, je ne regrette pas d'être escorté et filmé. Mon aventure va être révélée au plus grand nombre dans un documentaire pour la télévision. Un vœu exaucé.

Nous nous rendons à l'abbaye d'Hautecombe, sur les bords du lac du Bourget. Fondée au XIIe, elle rayonne plusieurs siècles avant de connaître un déclin. Elle est relevée au XIXe dans le style néogothique flamboyant. Merveille d'architecture, elle est la nécropole de la maison de Savoie.

Les plafonds et les murs des nefs, des chapelles et du chœur de l'abbatiale sont couverts de fresques en trompe-l'œil. Depuis la Renaissance, les Italiens aiment les décors peints. Ils les complètent, créent des perspectives, des mouvements, et racontent l'histoire de l'Église et de ses saints. À Hautecombe, l'effet est spectaculaire.

« Attends Henri, tu peux refaire ton entrée dans le cloître ? Je n'avais pas la bonne focale. » Sans l'avoir imaginé une seconde quand j'ai accepté d'être suivi par une caméra et un photographe, je me retrouve à devoir jouer et rejouer des scènes comme si nous étions en train de tourner dans un film.

Pour la première fois, des personnes viennent vers moi, après m'avoir reconnu. Félicitations, encouragements, selfies. Avec le temps, je constate qu'une partie a uniquement retenu l'histoire de l'attentat, tandis que l'autre se souvient aussi de mes « chères cathédrales ».

En quittant l'abbaye, sur les hauteurs du lac, nous croisons une bande de danseurs. Ils tournent un clip de rap. Me voyant suivi par un journaliste, caméra au poing, ils m'interpellent : « Vous faites quoi ? » Le journaliste leur répond :

– C'est Henri d'Anselme, vous voyez qui c'est ?

– Non.

– Vous avez suivi l'attaque au couteau d'Annecy ?

– Oui.

– Eh bien, c'est lui qui s'est opposé à l'agresseur.

– Ouah ah, respect frérot ! Allez, photo les gars avec le héros ! Trop fort !

Pour la première fois, j'explique ma démarche à des personnes qui semblent tout ignorer des cathédrales. Ils ont vingt ans et sont captivés par ce que je leur raconte. Ils ignorent la richesse de ce patrimoine national. Notre échange est vif, décousu, spirituel. Curieux, ils ont envie d'en savoir toujours plus.

Je prends la mesure de l'impact que mon acte a eu et je comprends que je peux désormais toucher les Français.

Les journalistes qui me suivent achèvent leur reportage en Bourgogne, à Belley, dans la cathédrale Saint-Jean-Baptiste. Reconstruite au XIXe siècle, après avoir été sérieusement endommagée sous la Révolution, son style néogothique est un exemple vivant d'une résurrection de l'architecture médiévale. Quant au chœur, il est du XVe, et la façade nord, romane, du XIIe. Comme à Hautecombe, je découvre des peintures à fresque. Avec les nombreux vitraux, l'intérieur de l'édifice est coloré.

Le mobilier liturgique est contemporain. L'autel, la cathèdre, l'ambon, le siège de l'évêque, le chandelier pascal, la croix de procession, offrent une unité remarquable. Sur l'autel, on retrouve le Baptême du Christ sous la forme d'un Agneau avec saint Jean Baptiste et saint Jean. Sur le côté, la vision d'Ézéchiel avec les pécheurs. Sur l'autre côté, la Résurrection. La structure est en bois recouverte de palladium jumelé avec de l'or. Il témoigne la « présence du Christ ».

Je me sens mieux, je suis heureux d'être reparti sur la route, de retrouver le rythme qui a été le mien pendant plus de deux mois avant Annecy. Le soir, je dors toujours chez l'habitant.

Ma philosophie de voyage n'est plus une aventure uniquement à pied, mais une équipée pour visiter les cathédrales et en partager l'expérience. Pour avancer plus vite et réaliser mon souhait de les visiter toutes, les distances entre les communes s'allongeant et le temps pressant, je continue d'appliquer ma décision prise à Entrevaux : je fais de l'auto-stop.

Je traverse la Bourgogne et le Jura avec un ami, Gaëtan, qui m'a rejoint. Heureusement qu'il est là. Il m'aide à me remettre sur les rails de l'aventure. Je peux lui montrer et lui faire vivre concrètement le périple que je traverse. Inconsciemment j'en avais besoin. Ce regard extérieur et ce soutien silencieux seront à ce moment d'excellents compagnons de route pour retrouver l'essence de ma démarche.

Je réalise des petites vidéos sur mes visites de cathédrales pour une chaîne de télévision. Elles sont diffusées le dimanche. Je choisis encore librement mes étapes. Bientôt, ce ne sera plus le cas.

Ayant accepté de réaliser une série documentaire sur les cathédrales en quatre épisodes de 52 minutes, je serai alors « cornaqué ». Moins libre, je me sentirai dans une certaine mesure dépossédé de mon aventure. Pourtant, alors que les jours passeront, je comprendrai que ce sacrifice est le prix à payer pour que mon message soit diffusé. Je serai désormais à son service.

Mes rencontres sont mémorables, comme à Belfort, où, sur le parvis de la cathédrale Saint-Christophe, un ancien basketteur me reconnaît et me propose de dormir chez lui. À peine ai-je accepté qu'un député européen, proche d'Emmanuel Macron, m'interpelle. Au même moment, l'évêque, monseigneur Denis Jachiet, sort de la cathédrale. Une discussion informelle s'engage entre nous tous. Ils se connaissent mal, mais cette curieuse assemblée spontanée s'entend bien.

J'avoue que la reconnaissance médiatique peut avoir du bon. Mon arrivée dans les villes ou villages se fait avec plus de facilité. Comme à Saint-Dié-des-Vosges, après Belfort, où le curé de la cathédrale, le père Arnaud, nous accueille à bras ouverts : « Voici les clefs, vous faites ce que vous voulez. » Avec Gaëtan, nous visitons la cathédrale de fond en comble – chœur, abside, transept, corniche, triforium – jusqu'à ce que notre hôte nous rejoigne. Direction le clocher – une demande que je fais systématiquement, pour découvrir le paysage alentour, véritable révélateur de la géographie locale et historique.

Sans nous le dire, le curé, espiègle, a programmé l'Angélus solennel. Peu de temps après notre arrivée au sommet, les quatre cloches partent à la volée. Leurs tintements sont assourdissants.

Les cloches ne sont pas attachées à la structure en pierre du clocher, mais au beffroi qui est enserré dans ce dernier. Le but est que le beffroi puisse bouger sans entraîner avec lui le reste de la structure. Sous le poids des cloches se balançant, on entend des grincements crispants.

Trouvant que cela ne suffit pas, le père en remet une couche en déclenchant le bourdon. Dans l'impossibilité d'accéder à la trappe située sous les cloches pour descendre dans le beffroi, coincés, il ne nous reste plus qu'à nous boucher les oreilles avec nos mains si nous ne voulons pas que nos tympans éclatent. Au cœur du réacteur des cloches, je vis une expérience musicale absolue ! Leur puissance me fascine, je n'aurais pas pu rêver mieux en termes d'immersion.

En rentrant dormir dans un studio mis à notre disposition par le curé, je poste une vidéo sur mon Instagram. Quelques secondes après, je reçois une invitation d'un abonné, instructeur-parachutiste, à sauter avec lui. Ni une, ni deux, j'accepte.

Le lendemain, alors que Gaëtan prend la route pour Strasbourg, je me rends à l'aérodrome en stop, conduit par un officier de gendarmerie qui me reconnaît. Il me dépose au pied de l'avion. En sortant de la voiture aux couleurs de la gendarmerie nationale, les apprentis parachutistes me regardent, stupéfaits, le visage interrogateur : qui est ce type qui n'a pas payé sa place, n'a pas participé au brief, et se fait déposer par un gendarme en uniforme ? Sans m'être préparé psychologiquement, je saute en tandem avec mon nouvel ange gardien. Les yeux fermés au départ, je finis par les ouvrir pour admirer les Vosges vues du ciel. Le moment est magique.

Dans la course contre la montre de mon périple, je prends en moyenne entre cinq et dix voitures par jour. Assez vite, je me lasse de devoir raconter mon histoire. Aussi j'inverse les rôles, c'est moi qui pose les questions. Je rencontrerai ainsi une foule de personnes avec des vies toutes plus fantaisistes les unes que les autres.

*

Enfin Strasbourg. Je retrouve au Parlement européen le député François-Xavier Bellamy et son équipe. Lui siège à l'occasion d'une assemblée plénière. Nous nous sommes arrangés pour que nos dates concordent. Je passe une journée à découvrir l'un des bâtiments phares de l'Union européenne.

Le soir, après sa fermeture au public, nous visitons la cathédrale Notre-Dame. Son curé, le père Didier Muntzinger, en raison du concordat qui organise les relations entre l'Église d'Alsace-Moselle et l'État, est le seul en France à porter le titre d'archiprêtre. Il nous guide.

La façade est un éblouissement. Une symphonie architecturale. Fine, aérienne, une « dentelle en pierre », elle mélange roman et gothique. Une multitude de statues représentent les personnages des évangiles et de scènes bibliques. La teinte du grès rose des Vosges la rend chaleureuse contrairement à la pierre grise ou blanche de la plupart de ses homologues. À gauche, sa flèche culminant à 142 mètres en a longtemps fait le plus haut édifice de la chrétienté.

Dans la nef, ses piliers semblent défier les lois de la pesanteur. Malgré sa taille imposante, la cathédrale dégage une impression de légèreté et d'équilibre parfait. Les nervures des voûtes s'entrecroisent avec élégance. Je suis subjugué par la rosace de la façade occidentale. Les rayons du soleil traversent ses vitraux colorés, projetant sur le sol un kaléidoscope de lumières.

Me voilà maintenant face au pilier des Anges. Summum de l'art gothique, c'est une fusion parfaite entre l'architecture et la sculpture. Appelé aussi pilier du Jugement dernier, il mesure 18 mètres de haut et supporte la voûte du transept sud de la cathédrale. Créé dans le premier quart du XIIIe siècle, il accueille douze statues réparties équitablement sur trois étages. Son inspiration trouve sa source dans le porche nord de la cathédrale de Chartres. Les statues semblent animées ; on a un effet de mouvement ; la gestuelle n'est pas figée. Les pieds de Matthieu, qui dépassent du socle, donnent l'impression qu'il vient vers nous.

Saint Luc, saint Jean, saint Matthieu et saint Marc annoncent le Jugement dernier. Les quatre anges placés au-dessus appellent vivants et morts à se rassembler à l'aide de leurs trompettes. Pour couronner la scène, un Christ, montrant les plaies de ses stigmates, trône, entouré de trois anges, au troisième et dernier étage.

Nous pénétrons enfin dans l'horloge astronomique de la cathédrale. Chef-d'œuvre de la Renaissance, son mécanisme combine plusieurs fonctions astronomiques et calendaires. Il affiche non seulement l'heure, mais aussi des données célestes telles que la position du soleil, de la lune, des étoiles principales, et des planètes. L'horloge indique également le jour, le mois, l'année, les signes du zodiaque, les phases de la lune, et naturellement les fêtes religieuses. Ce système complexe nécessite un remontage quotidien.

Plusieurs automates s'animent à différents moments de la journée comme autant d'enseignements. À midi solaire, les douze apôtres défilent devant le Christ qui les bénit, tandis qu'un coq situé au sommet de l'horloge chante trois fois, évoquant le chant du coq lors de la Passion du Christ.

Je suis aux anges. L'horloge est un festival de beauté et de complexité. Un témoignage grandiose du génie des hommes mis au service de la gloire de Dieu. En partant, l'archiprêtre m'offre la médaille de la cathédrale. Une marque de reconnaissance touchante.

*

Qui a dit que le chemin des cathédrales était hors du temps et du monde ? Depuis le début de mon aventure, j'expérimente tous les jours qu'il n'y a pas de hasard. Encore une fois, à Strasbourg, le destin, ou la Providence, a cru bon de me sortir du chemin paisible du voyageur, pour me jeter sans ménagement sur celui, sinueux, des arènes politiques. Un témoin du temps long s'est immiscé dans le temple des combats du présent.

Au Parlement, où j'assiste à des débats, je frôle la grande prêtresse du moment : Greta Thunberg. Alors que je suis assis, elle marche dans un couloir, entourée d'une nuée de journalistes, d'hommes et de femmes politiques. Petite, elle a encore l'air d'une grande enfant. Son visage est fermé, dur. Que fait-elle à son âge dans ce Parlement ? Est-elle à sa place ? Elle défile avec l'allure d'une personnalité en terrain conquis. Elle est l'inverse de ce qu'expriment les cathédrales, l'effacement. Elle me met mal à l'aise.

Étais-je moi aussi à ma place ? Dans l'absolu non, mais à ce moment particulier oui. Sans le vouloir, encore une fois, je me suis retrouvé à un moment clef de ma quête des choses belles et durables.

Ce jour-là, au Parlement de ceux qui croient que le destin des hommes se résout en cinq minutes par un vote à main levée, est adopté un texte de règlement tristement nommé « Restauration de la nature ». Qu'est-ce que ce titre pompeux signifie ? Restaurer une cathédrale, je veux bien. L'œuvre des hommes est toujours temporaire et sujette à l'épreuve du temps et des éléments. Restaurer la nature ? J'ai entendu dans les couloirs les députés se féliciter de ce « vote historique », prémices de la « décroissance de nos économies ». D'autres se rebeller, et affirmer avec conviction que l'on venait de signer l'arrêt de mort de nos agriculteurs, de nos pêcheurs.

Dans cette histoire-là, je ne sais que penser. Je ne peux que faire étalage du paradoxe qui, sur le coup, m'a profondément remué. Depuis que je pérégrine à travers la France, je suis le témoin d'une urbanisation galopante et affreuse. Les villes gloutonnes avalent les campagnes à grands coups de zones industrielles et résidentielles, sorties de terre comme par magie.

J'ai trop traversé ces abominables zones industrielles et commerciales à la périphérie des villes. Tout droit issues des laboratoires de l'urbanisme, pensées à l'américaine et construites avec leur touche d'absurde à la française : tout droit, rond-point, tout droit, rond-point.

Je peux témoigner qu'enchaîner les kilomètres dans de tels décors vide de toute substance, de toute âme. Cette vampirisation du territoire pousse proprement à la folie.

Un autre exemple : en Provence, des hauteurs du massif de la Sainte-Baume, je distinguais ces trouées abominables dans le paysage, que j'ai eu le malheur de devoir aussi longer. Quel est le charme d'une autoroute ? Si ce n'est celui brutal et bruyant de pouvoir aller vite d'un point à un autre, dans le vacarme des masses d'air écartées par l'insolence d'un mastodonte métallique. Une succession d'énormes « whouf » gueulés par ces véhicules sans âme transportant matière, marchandises et « *Homo impatiens* » cette nouvelle espèce d'hommes pressés, drôlerie de l'évolution.

Nos débauches de moyens nous ont rendus fous, déconnectés. Notre monde est traversé par des forces extrêmes et contradictoires. D'un côté nous ne cessons de bétonner, de construire et de produire. De l'autre nous prônons la décroissance, quitte à tuer notre agriculture, et déifions le moindre petit brin d'herbe. N'y a-t-il pas une hypocrisie à investir des millions dans la décarbonation, le développement durable, la décroissance, et à ne construire que du laid et du temporaire ?

« *In medio stat virtus*[1] », disait Horace, le poète latin, aujourd'hui passé de mode. Encore une fois, nos cathédrales ont raison. Elles nous montrent l'exemple. Nos ancêtres avaient au moins cette sagesse de composer avec leur environnement, à défaut de l'écraser.

---

1. « La vertu se tient dans le juste milieu ».

Autrefois les hommes épousaient les courbes que leur offrait la nature. Les cathédrales étaient construites avec les pierres du coin. Les ponts s'intercalaient entre deux rochers, les routes suivaient les fonds de vallée. Mais surtout, tout dans ce qui était construit était dirigé par un fil rouge, imperceptible. Le beau s'alliait à l'utile. L'esthétique était une nécessité. La moindre pierre d'une cathédrale est sculptée, chaque détail est calculé et fait partie d'un ensemble qui, pris dans sa globalité, est parfaitement cohérent.

Si l'on veut vraiment protéger notre environnement, nos paysages, il faut d'abord redonner aux hommes le goût de ce qui a nourri leurs parents. Le Beau. Celui qui enracine.

Cathédrale Notre-Dame de Reims

Chapitre 9

Il me faut retrouver mon quotidien de pèlerin

Les sollicitations devenues importantes, quotidiennes, j'ai le sentiment de marcher comme un équilibriste sur une corde tendue entre deux falaises. J'ai perdu mon équilibre mental. Je suis souvent fatigué. Dès que je le peux, je dors.

Auparavant, j'avais des moments de contemplation, d'émerveillement et de bonheur. Après Annecy, ce n'est plus le cas. Tout est différent. Tout s'est compliqué : mon nouveau statut, la notoriété, les invitations par texto, mail ou autres. J'essaie de me remettre dans l'aventure tout en assumant les nouvelles relations que j'ai avec les gens.

Aussi, en Champagne, j'essaie de reprendre le rythme plus humble, plus lent et plus simple de mon aventure. Plus simple parce que débarrassé ou presque de ce que le tourbillon médiatique a pu rajouter à ma route. Parce que j'arrive, petit à petit, à retrouver le goût de la route, des rencontres impromptues et de la liberté. J'ai le sentiment de reprendre mon « petit » chemin, de retrouver le quotidien de pèlerin que j'aime tant.

Pourtant cette route m'emmène sur les sentiers de la gloire. Pas la mienne, non ; celle de l'histoire de France. Celle des images maintes fois admirées lors de mes lectures, celle des mythes fondateurs, celle de l'élan et des grandes épopées.

Dans cet Est meurtri, les cathédrales que je visite sont d'abord les témoins des conflits que la France a connus. Comme les gueules cassées des tranchées, elles portent les stigmates de ce qu'ont été les combats de la Première Guerre mondiale.

Notre-Dame de Verdun a été détruite par les bombardements. En la visitant, je suis frappé par la beauté de la réhabilitation. Ses maîtres d'ouvrage ont voulu tirer un trait d'union entre ses fondations et son histoire récente. Construite au Xe siècle, elle a traversé les âges et offre aux regards, tels des sédiments, mille ans de styles architecturaux : roman, gothique, baroque et rocaille.

Pendant les travaux de l'entre-deux guerres, alors qu'ils évacuent les gravats, les ouvriers remettent au jour la crypte du XIIe siècle, oubliée depuis le XVIIIe siècle. Éblouie par cette découverte, l'équipe s'attache à la faire revivre. Elle confie au sculpteur Gaston Le Bourgeois les chapiteaux des piliers de son chœur. Ce dernier représente des épisodes marquants de la vie religieuse et des symboles de la bataille de Verdun ; combattants, uniformes, armes. Restaurée, embellie, réhabilitée, la cathédrale romane primitive est devenue au fil des siècles un édifice artistiquement hétéroclite. Elle porte fièrement le poids de son histoire.

Je constate une nouvelle fois ô combien ces édifices sont des maisons de nos vies. Malgré leur grandeur intrinsèque, les cathédrales n'écrasent rien. Elles recueillent nos prières, nos joies, nos douleurs et, patiemment réparées, sont le reflet de la résilience et de la capacité de tout un peuple à traverser des épreuves pour, toujours, se relever. C'est exactement ce que j'ai ressenti à Annecy, le lendemain du jour de l'attentat, à l'occasion de la soirée de prière dans la cathédrale Saint-Pierre.

Sur la route qui doit me mener à Reims, je m'arrête à Domrémy, village natal de sainte Jeanne d'Arc. Une étape obligée, ardemment désirée. Depuis mon enfance, j'ai toujours eu un lien particulier avec Jeanne. Une dévotion pour notre héroïne nationale ; un modèle de courage et de détermination ; une source d'inspiration ; un symbole de spiritualité ; un idéal. Il était inenvisageable de ne pas venir lui rendre visite, et hommage.

Lorsque j'arrive à Domrémy, je constate combien tout ce bruit, toutes les polémiques autour de Jeanne d'Arc s'éteignent immédiatement. Paisibles, humbles, le village et sa colline rayonnent de cette aura qui fait les lieux où souffle l'esprit de la grande histoire.

Je suis accueilli par un couple adorable, les Van Cleest. Responsables de l'accueil des pèlerins, ils m'emmènent visiter la maison familiale de Jeanne. Une demeure marquée par la simplicité, mais non la pauvreté : Jeanne n'est pas une simple bergère comme l'imaginaire populaire se plaît à la représenter. Elle vient d'une famille bourgeoise. Son père est propriétaire terrien, un riche paysan en réalité.

Je m'imprègne du lieu et imagine aisément Jeanne claquant la porte de la maison pour filer s'amuser avec ses amis au village. On sait maintenant avec certitude que c'était une fille de son temps, qui aimait faire la fête.

Mais, déjà, elle exprimait sa singularité : alors que l'époque voyait ressurgir des célébrations païennes autour d'arbres sacrés ou autres farandoles, Jeanne, elle, préférait s'éloigner un peu. Elle rejoignait ses amies bergères et commençait à prier à côté des moutons, paisiblement.

J'ai pu goûter pleinement la sérénité de la terre où elle a vécu et j'ai même eu la chance de prier devant la statue en bois du XIIIe siècle conservée dans la crypte de la basilique de Domrémy, celle devant laquelle Jeanne se recueillait.

Alors que je profite de ce calme, je réalise combien cet endroit a été nécessaire à Jeanne pour préparer le message qu'elle a voulu transmettre. Un message dont l'actualité et la pertinence me touchent. Parce que, au-delà de la légende, de l'épopée militaire ou même de son supplice, Jeanne d'Arc vient nous rappeler deux choses essentielles.

La première est que le combat spirituel est une réalité. Il ne s'agit pas d'une chimère ou d'un concept séduisant ou, plus encore, enthousiasmant. C'est un combat que nous devons accepter. La seconde est que la seule façon de le gagner, c'est d'être radicalement fidèle au Christ.

Au cœur de son village natal, je découvre l'intensité de ce qu'elle a annoncé. Jeanne d'Arc n'a pas été brûlée parce qu'elle a fait sacrer le roi de France à Reims, mais parce qu'elle a refusé de renier les voix qui la guidaient. Elle l'a été parce qu'elle est restée fidèle au Christ. Elle a pleinement accepté de livrer un combat spirituel titanesque, bien lourd pour ses frêles épaules.

Je suis bouleversé par la force de ces prédictions. D'autant plus que ma prochaine étape est la cathédrale de Reims. J'ai l'impression de suivre alors, modestement, la voie tracée par Jeanne.

*

Reims et sa « cathédrale martyre », presque détruite lors de la Première Guerre mondiale. Pourtant, ses flèches tournées vers le ciel dominent la ville. Sans orgueil, avec générosité. Elle est ouverte à tous.

Naturellement, comme tous les visiteurs, je suis attiré sur la façade par l'Ange au sourire. Sculpté au XIIIe siècle, son visage serein est énigmatique.

Il incarne la grâce et la délicatesse de l'art gothique à son apogée.

Son expression bienveillante et son léger déhanché lui confèrent une humanité touchante, tranchant avec les représentations plus hiératiques de l'époque. Le drapé souple de sa tunique et ses cheveux ondulés font de cet ange un être incarné. Il nous délivre un message spirituel évoquant la joie paisible de la foi et la promesse d'une bonne nouvelle.

Il a été décapité pendant la Première Guerre mondiale : sa restauration minutieuse ajoute à son aura. L'Ange devient le symbole de la renaissance de la ville bombardée. Il incarne l'âme de la cathédrale du sacre des rois de France.

J'admire le vaisseau de pierre, immense, majestueux. Il porte sur lui les lourdes cicatrices des tragédies passées ; incendies, vandalisme et bombardement.

À mon arrivée, je suis accueilli chaleureusement par un vicaire de la cathédrale, le père Maxime. Il me fait découvrir toutes les beautés qu'abrite la cathédrale, notamment la crypte ; et les fouilles qui ont eu lieu récemment sous la nef. Un privilège que je goûte avec un plaisir certain : interdite au public, la zone souterraine s'étend dans l'obscurité. Au détour d'une galerie poussiéreuse se cachent des pierres millénaires. Celles qui ont vu saint Remi verser l'eau du baptême sur le front d'un roi.

Les archéologues cherchaient le baptistère de Clovis. Celui devant lequel un chef de guerre, dans un acte d'humilité sublime, accepte de courber la tête pour devenir roi, et fonder la France, terre des Francs et jardin de Dieu. Par ce baptême, il crée une nation à partir d'un peuple barbare. Il fait naître notre pays d'une alliance entre le spirituel et le politique.

Jeanne fait la même chose lorsque, au cœur de la guerre de Cent Ans, alors que tout semblait perdu, elle surgit pour unifier encore une fois le spirituel et le politique dans l'histoire de France.

Ce message me fascine. Et plus encore l'émotion des nombreux visiteurs étrangers qui affluent en nombre à Domrémy ou à Reims. Pourquoi viennent-ils ici ? Domrémy et Reims marquent d'abord et surtout les fondements de notre pays et de son âme. Cela ne les concerne pas. Et pourtant, j'aurais tort de m'arrêter à ce genre de considérations. Je peux voir leur émotion. C'est le signe que quelque chose se passe ici. Et si le fondement de la symbolique de ces deux lieux dépassait notre cadre national pour toucher universellement le cœur des hommes ?

Jeanne n'a pas cessé de proclamer la vérité, celle de l'origine divine de sa mission. Cela lui coûtera la vie, de la plus atroce des manières.

Les voies de Jeanne sont intrinsèquement liées à celles du sacre de nos rois. C'est celle du sacré : une intuition profonde que quelque chose nous dépasse. Certains l'appelleront le destin, je préfère l'appeler Providence.

Cette grandeur, cette puissance, je peux la sentir alors que ma route m'amène d'abord dans la basilique de Domrémy, perdue dans la nature, puis dans ce joyau qu'est Notre-Dame de Reims.

*

Plus j'avance, plus les cathédrales du Nord, de Laon à Lille, se dévoilent dans une grisaille pluvieuse. L'humidité est partout, les nuages alourdissent l'atmosphère.

Je pars à la rencontre des sept sœurs de la Picardie. Des merveilles édifiées entre le XIIe et le XVIe siècle : Noyon, Senlis, Laon, Saint-Quentin, Amiens, Beauvais et Soissons.

À mon arrivée à Soissons, la prosaïque réalité me tire de mes rêves d'épopée, de grandeur et d'histoire glorieuse : je n'ai qu'un quart d'heure pour visiter la cathédrale. Les portes doivent fermer, les travaux reprennent à l'intérieur. J'en sors avec le goût d'une rencontre ratée et la conviction que je reviendrai m'imprégner de son style gothique classique plus tard.

À Laon, je suis hébergé dans le presbytère à l'ombre de la cathédrale Notre-Dame. De style gothique primitif, elle est située sur les bords des remparts de cette petite ville aux allures de Belle au bois dormant. Perchée sur sa motte, elle a un charme fou. Autorisé à grimper en haut des cinq tours de la cathédrale, je m'y précipite. Comme chaque fois.

À l'horizon, la plaine picarde, ancienne Neustrie, terre des premiers rois francs. On imagine Clovis et ses successeurs mérovingiens la parcourant à cheval pour asseoir leur pouvoir. J'aperçois la forêt de Saint-Gobain, refuge des druides gaulois avant de devenir domaine royal sous les Carolingiens. Cette forêt concentre les racines profondes de l'identité française, mêlant héritage celte et franc.

Repu de grands espaces, je redescends quand, soudain, les neuf cloches de la cathédrale se mettent à sonner à toute volée. Un nouvel Angélus solennel tonitruant résonne dans le clocher. Le voilà, le chant des cathédrales. Le chant que je suis parti chercher sur les routes depuis le début de mon pèlerinage. Dans l'enthousiasme, je saisis mon téléphone pour le partager.

À l'intérieur de la cathédrale, je passe un long moment à contempler le Mandylion, aussi connu sous le nom de la Sainte Face. Cette image de la face du Christ, « non peinte par la main de l'homme », serait arrivée en Thiérache, région historique où se trouve Laon, en 1249.

Selon la légende, l'origine du Mandylion est liée à un épisode miraculeux entre le roi Abgar V d'Édesse et Jésus-Christ. Le roi Abgar, souffrant d'une maladie incurable, entendit parler des miracles de Jésus. Il lui envoya une lettre, l'invitant à venir à Édesse pour le guérir. Ne pouvant s'y rendre en personne,

Jésus promit d'envoyer un de ses disciples après sa résurrection.

Abgar dépêcha alors en Palestine son peintre de cour, Ananias, pour qu'il en rapporte un portrait de Jésus. Arrivé à destination, Ananias tenta de peindre Jésus, mais fut incapable de capturer son image en raison de la luminosité divine émanant de son visage.

Voyant l'embarras du peintre, Jésus prit un linge, l'appliqua sur son visage, et son image s'y imprima miraculeusement. Il donna ce tissu à Ananias pour être offert au roi Abgar.

Ce linge fut dès lors connu sous le nom de Mandylion. Selon la tradition, il guérit le roi Abgar dès son arrivée à Édesse et devint un objet de grande vénération.

Cette légende explique pourquoi le Mandylion occupe une place si importante dans la tradition chrétienne orientale. Ce qui rend cette icône intéressante, c'est son extraordinaire état de conservation. Hormis une lacune dans la chevelure, la peinture est remarquablement préservée, notamment le visage. La finesse de la touche rappelle les plus belles réalisations de la miniature byzantine « à l'antique ».

Huit siècles après son installation par le futur pape Urbain V, je suis là, en ce jour pluvieux, pour la contempler, subjugué par ses traits et les mystères qu'ils recèlent.

*

Notre-Dame d'Amiens, chef-d'œuvre gothique épargné par les conflits meurtriers du XXe siècle. Trois portails racontent l'histoire sainte. Des centaines de statues y sont sculptées ; Adam et Ève, prophètes et rois de la Bible – et peut-être du royaume de France –, saints et paysans picards nous regardent et nous interpellent.

À l'intérieur, avec ses 42,5 mètres sous voûte, la nef vertigineuse m'aspire vers les cieux. La lumière qui inonde l'espace à travers d'immenses verrières me rappelle la « Lux nova » – la « nouvelle lumière » – si chère aux bâtisseurs. Cette aura céleste que l'on peut tous toucher des yeux.

Le plan en croix latine, la symétrie entre la nef et le chœur, tout respire l'équilibre et la perfection de la plus vaste cathédrale de France. Je comprends pourquoi on la considère comme l'archétype de la cathédrale gothique classique.

*

Nos cathédrales rayonnent à l'étranger. Au milieu du XIXe siècle, William Morris (1834-1896), figure majeure de l'art et de la culture britanniques, entreprend un voyage en France avec ses amis. Ce périple, centré sur la découverte des grandes cathédrales gothiques, Amiens, Beauvais, Rouen et Chartres, va avoir un impact profond sur le jeune homme – il a alors vingt et un ans. Il renforce sa passion pour l'art médiéval et son désir de raviver l'artisanat traditionnel face à l'industrialisation croissante. Les cathédrales, fruits d'un travail collectif s'étendant sur des générations, incarnent pour lui l'idéal d'une création artistique ancrée dans la communauté.

À son retour en Angleterre, William Morris crée sa fabrique d'arts décoratifs et joue un rôle central dans le mouvement Arts and Crafts. Les motifs gothiques, la richesse des couleurs et des matériaux observés dans ces cathédrales se retrouveront dans ses créations. Comme celles de Coco Chanel et son fameux double C inspiré des entrelacs et motifs de l'abbaye d'Aubazine, en Corrèze, où elle passa une partie de son enfance. William Morris fonde aussi un réseau de fraternités d'artistes et d'artisans à l'image des compagnons bâtisseurs.

On me suggère de créer une fédération des cathédrales de France. Pourquoi pas. Je penche plutôt pour un réseau des sacristains. Ils ont un rôle clef. Parmi ceux que j'ai croisés, ils sont nombreux à être jeunes. L'un d'eux a abandonné une voie salariale classique pour se mettre au service de sa cathédrale, de sa communauté et de l'Église. Une vocation magnifique. Des responsabilités importantes : la sécurité des trésors, l'organisation des offices, la bonne entente entre clercs et laïcs, la relation entre le clergé, les autorités locales et l'office du tourisme. Tout ça n'est pas une mince affaire et demande de la diplomatie.

À Rouen, le sacristain porte l'habit traditionnel : un tablier en cuir. Accrochés à sa ceinture, d'énormes trousseaux de clefs. Ainsi, les visiteurs comprennent immédiatement qui il est.

À propos de sécurité, autrefois existait le « chasse-gueux ». La fonction était remplie par un garde suisse équipé d'un bâton. Des gravures content leurs faits et gestes. Dans la cathédrale Saint-Samson de Dol-de-Bretagne, le sacristain, qui est aussi historien, me déguisera en garde suisse. Vêtu du pourpoint bleu royal, jaune or, et rouge sang, de la culotte bouffante colorée et rayée, du casque en métal orné, je visite ainsi la cathédrale sous l'œil amusé des visiteurs.

*

Se mettre en route c'est aussi accepter d'être dérangé dans ses convictions, d'être touché là où rien, apparemment, ne pouvait nous atteindre.

Si j'arrivais à Reims le cœur préparé par les heures passées à rêver devant mes manuels d'histoire, à imaginer sacres et chevaliers, je dois confesser que la cathédrale de Lille n'était pas celle que j'attendais le plus.

J'avais en tête une cathédrale moderne, refaite, affublée d'une façade étrange, le tout dégageant une image terne voire sombre. Pour résumer : je ne pressais pas le pas pour la rejoindre.

Je me suis laissé guider par le sacristain. Au rythme de ses explications, des détails sur l'histoire du lieu, j'ai senti mon cœur s'adoucir et accueillir doucement la beauté de Notre-Dame-de-la-Treille.

Historiquement, Lille n'est pas un diocèse, c'est à Cambrai que se trouvent cathédrale et évêque. Or, au XIXe, la révolution industrielle bat son plein, la ville grossit à vue d'œil et prend de l'importance. La bourgeoisie locale réclame alors son diocèse. Le problème est que, sans cathédrale, pas de diocèse. Les notables se mobilisent et financent la construction de l'édifice. Ils mettent le pape devant le fait accompli : nous avons notre cathédrale, donnez-nous notre diocèse.

J'écoute ces explications historiques quand le sacristain et moi traversons la crypte où sont recensés les noms des grands donateurs. En laissant courir mon regard sur les plaques, je découvre le nom de ma famille. Un rapide coup de fil à mes grands-parents et j'ai la confirmation qu'il s'agit bien de mes arrière-grands-parents. Une surprise totale pour moi. En quelques instants, me voilà intimement lié à une cathédrale que j'apprends à aimer en même temps que je la découvre.

Une fois les fonds récoltés, la construction a débuté par la partie la plus sacrée de l'édifice : le chœur, une merveille néogothique dans la plus pure tradition du XIXe siècle. C'est riche, foisonnant, virtuose.

Et puis, au fur et à mesure que la construction avance, on s'éloigne du chœur en même temps que les fonds s'amenuisent. Dans la nef, la flamboyance néogothique laisse la place à plus de simplicité : sculpture, voûte… tout est plus brut. Tout cela pour finir par une façade qui n'a été terminée qu'en 1999, soit plus de 140 ans après la pose de la première pierre.

Mont-Saint-Michel

Chapitre 10

Pourquoi ai-je choisi le chemin des cathédrales ?

Quand l'équipe de tournage et moi arrivons au Mont-Saint-Michel, j'insiste longuement pour faire la traversée à pied de ce désert de sable sur lequel la mer monte comme un cheval au galop. Cette marche, que j'ai déjà faite à plusieurs reprises, est absolument remarquable, et je mesure le caractère exceptionnel et insolite des images que l'on pourra en tirer. Sans succès.

Nous finissons par emprunter la route, et ma déception est vite remplacée par l'émerveillement qui saisit tous ceux qui s'y rendent. Le Mont-Saint-Michel est, par excellence, l'endroit de France où l'on est tenté d'utiliser tous les superlatifs de la langue française. Bâtie sur un rocher isolé, face à la mer, une abbaye effilée et gracieuse, une statue de saint Michel qui culmine à 157 mètres… Nous entrons au royaume de la grandeur.

Nous avons quitté les villes bruyantes, les foules anonymes, pour nous rapprocher de ce qui ne peut pas se dire, de ce qui ne peut que se contempler. On se rapproche du divin. C'est le sens des cathédrales, mais c'est aussi le sens de la nature. Le Mont-Saint-Michel est comme l'alliance de ces deux réalités. Il est l'union du génie des hommes et de Dieu.

Son histoire est mouvementée, riche en miracles, en guerres et en restaurations.

Tout commence en 708, lorsque l'archange saint Michel apparaît en songe à saint Aubert, évêque d'Avranches. Il lui demande de construire un sanctuaire en son nom. Saint Aubert aurait alors bâti un premier oratoire sur le mont Tombe.

Au XIe siècle, les moines bénédictins entreprennent la construction d'une grande abbaye romane. Elle devient un lieu de pèlerinage majeur. Les « miquelots » viennent de toute l'Europe. Les « chemins montais », avant même l'apparition des chemins vers Saint-Jacques-de-Compostelle, sont tracés pour guider les pèlerins.

Entre les XIIe et XIIIe siècles, des travaux colossaux aboutissent à la construction de la « Merveille », chef-d'œuvre de l'architecture gothique. Durant la guerre de Cent Ans, le Mont-Saint-Michel résiste héroïquement aux assauts anglais. Alternent ensuite des périodes de déclin et de renouveau monastique. À partir de la Révolution, l'Administration y enferme les prêtres réfractaires à la Constitution civile du clergé, les chouans, puis, pendant un siècle, des prisonniers politiques et de droit commun.

À la fin du XIXe siècle, une vaste campagne de restauration est entreprise pour redonner au Mont sa splendeur d'antan. Au milieu des années 1960, sous l'impulsion du père Bruno de Senneville, la vie monastique est officiellement rétablie pour célébrer le millénaire de la fondation de l'abbaye.

*

Chef-d'œuvre d'architecture médiévale mêlant les styles carolingien, roman et gothique flamboyant, l'abbaye du Mont-Saint-Michel s'élève sur trois niveaux principaux, s'adaptant ingénieusement à la forme du rocher sur lequel elle est bâtie.

Au sommet se trouve l'église abbatiale, dont la nef romane est constituée de trois vaisseaux s'élevant sur trois niveaux : grandes arcades, tribune et fenêtres hautes. Le chœur, de style gothique flamboyant, comprend aussi trois niveaux avec un déambulatoire, un triforium ajouré et des fenêtres hautes. Il est complété par quatre chapelles rayonnantes et se caractérise par des voûtes sur croisées d'ogives complexes et un décor exubérant.

L'ensemble repose sur un système ingénieux de cryptes et de chapelles souterraines qui servent de fondations et permettent de soutenir le poids de l'édifice.

Au Mont-Saint-Michel, j'aime tout ce qu'on trouve, tout ce qui le compose. Les escaliers en pierre. Les marches creusées par les siècles. Le souffle du vent qui s'introduit partout. L'air salé. Le Mont-Saint-Michel est à la croisée de ce qui est simple, de ce qui est rigide, rugueux, fort, et éternel. Pour autant, c'est le lieu où l'on se sent faible, petit face à la grandeur du monde dans lequel nous nous trouvons. C'est un site qui nous rend humble. Un lieu où l'on sent la nécessité de se taire pour laisser parler le silence. Où seuls la mer et Dieu ont le droit de s'exprimer.

L'un des éléments de l'abbaye auxquels je suis le plus sensible est ce qu'on appelle l'« escalier suspendu ». Une merveille de la Merveille. Les contraintes spatiales imposées par l'exiguïté du site rocheux ont lancé un défi considérable aux bâtisseurs. En effet, l'espace restreint au sein des murs, des tours et du clocher n'a pas permis l'intégration d'un escalier intérieur conventionnel pour accéder aux niveaux supérieurs. Cela a conduit les maîtres d'œuvre à concevoir une solution aussi audacieuse qu'ingénieuse : ils ont construit ce fameux escalier à l'extérieur de l'édifice !

Chef-d'œuvre d'équilibre et prouesse technique, il monte en s'appuyant sur une tour qui sert aussi de départ à un arc-boutant. Arrivé en haut, il faut marcher sur des parapets étroits, et surtout réussir à ne pas tomber. Son nom est bien choisi : « suspendu », on l'est sans aucun doute, à plus de 70 mètres ! On se situe alors au pied de la flèche du Mont-Saint-Michel et de sa statue dorée de quatre mètres de haut qui brandit son épée dans le ciel.

Ce jour-là, il fait beau, le ciel est dégagé. On aperçoit un bout de la pointe du Cotentin. Par temps parfaitement clair, on peut voir l'Angleterre. Face à ce panorama, sous cette statue, on a le sentiment que le temps disparaît. L'horizon doit être, à peu de détails près, le même que celui vu par les premiers moines, il y a mille ans.

Pourtant, il s'est déroulé tant d'événements au cours de ce millénaire. Nous nous rendons alors compte que le temps des hommes et le temps de l'Église se croisent mais se distinguent. Leur temporalité n'est pas la même. L'Église a affaire avec Dieu et l'éternité. Elle est prête à s'établir sur des rochers, au-delà des terres, pour prier. Combien de personnes seraient-elles prêtes de nos jours à venir s'établir sur un caillou normand-breton, dans les conditions qui furent celles de ses premiers habitants ? à prier tous les jours dans le froid et sous la pluie, tandis que le vent souffle et que la marée monte, les coupant de la terre ferme ? Nous oublions souvent le degré de courage et de force qu'il a fallu à ces hommes et à ces femmes des premiers siècles du christianisme pour bâtir les maisons du Père.

*

Une des questions amusantes de l'histoire du Mont-Saint-Michel, et qui n'en finit pas de soulever les passions, est celle de sa situation. La fameuse querelle entre Bretons et Normands ne date pas d'hier. Au cours des siècles, les ducs de Bretagne et de Normandie ne cesseront de se chamailler à son propos.

Aussi, pendant notre tournage, j'ai voulu être joueur. Je fais exprès d'ouvrir le documentaire avec ces mots : « Bonjour les amis, je suis aujourd'hui en Bretagne. *(Petite pause.)* Plus précisément, à la frontière entre la Bretagne et la Normandie, puisque j'ai derrière moi le Mont-Saint-Michel. » Hurlement de ma productrice : « Tu ne peux pas dire ça ! » Je ne peux m'empêcher de penser : « Si ça te fait hurler, c'est super ; cela fera hurler le public, c'est une excellente accroche. »

Tout au long de mon voyage, je me rends compte à quel point les identités régionales ne sont pas des mythes. Même si tout cela a un peu changé. Prenons les Normands par exemple. Ce sont des gens différents de ceux du reste de la France. Ils sont plutôt grands, élancés, le regard porté vers le haut. Dynamiques, ce sont des entrepreneurs, même s'ils sont aussi rêveurs. On sent qu'il y a encore du sang viking. Il ne faut pas oublier qu'ils ont conquis l'Angleterre.

Compte tenu du contexte de mon propos, songeons aux Bretons. Chez eux, au moins, il n'y a pas de tabous. Ils sont fiers d'être bretons, peut-être même plus que d'être français. Ce que j'ai remarqué, c'est que plus on va vers le fin fond de la péninsule bretonne, plus on arrive dans un catholicisme austère. Là où la pointe du continent européen est violemment confrontée à la nature. Aux vagues de l'Atlantique qui s'écrasent sur les falaises, aux tempêtes qui arrosent les terres. Les Bretons sont plus trapus, plus renfermés, plus intérieurs. On sent que leur catholicisme, c'est celui d'une relation avec la souffrance et les morts.

La façon d'envisager la religion est marquée par le tempérament des habitants de la région. Elle se concrétise dans l'architecture et l'usage de la pierre. À ce sujet, les différences entre Normands et Bretons sont aussi notables. Les premiers ont construit avec du calcaire, pierre souple et légère. Les voûtes de leurs cathédrales montent haut. À l'opposé, en Bretagne, le granit est une pierre plus difficile à tailler. Elle autorise moins de prouesses. L'esprit qui préside aux dessins architecturaux est plus abrupt, robuste.

À chaque arrivée dans une région, je jouerai au jeu des sept différences avec celle que je viens de quitter. Cela m'aidera à les comprendre et à tenter de répondre à cette question : comment ce mélange ou plutôt ce cocktail, Louis XIV parlait de « mes peuples », a-t-il pu créer une nation comme la nôtre ? alors que, en toute honnêteté, entre un Gascon et un Breton, un Provençal et un Alsacien, à l'origine, il n'y a pas grand-chose de commun.

Comment la France s'est-elle faite ? Je ne cesse de m'en étonner. Outre la volonté politique qui a présidé à sa constitution, je vois le rôle joué par l'Église et la parole de Dieu pour laquelle il n'existe qu'un peuple. Quant aux cathédrales, qui incarnent cet idéal d'unité, elles furent l'un des instruments utilisés par le pouvoir sous l'Ancien Régime, mêlant alors le politique et le spirituel. Sans elle, il n'y aurait peut-être pas eu la France.

*

Les images que nous réussissons à filmer sont d'une grande beauté. Des plans larges de la baie du Mont-Saint-Michel à marée basse, des vastes étendues de sable et des méandres des chenaux d'eau ; des plans-séquences des moutons paissant sur les prés-salés ; des plans rapprochés, les détails architecturaux, ses gargouilles, ses arcs-boutants. Une lutte farouche s'engage aussi contre des mouettes se livrant à un combat aérien contre nos drones – quc nous parviendrons à sauver.

Chanceux, je dors à l'accueil des pèlerins. La toise du dortoir est à 1,60 mètre à peine, alors que je suis plutôt grand. Passant mon temps courbé, j'épouse l'atmosphère et de la nature du lieu. Le confort n'est pas recherché. Nous sommes là pour être face à nous-mêmes.

Je me lève tôt pour assister aux laudes. Il fait encore nuit, mais plus tout à fait. Les ténèbres ont été remplacées par une douce lumière bleue. Je traverse le Mont désert. Il n'y a personne dans les rues. Un moine nous ouvre les portes de l'abbaye. Nous sommes un petit groupe d'une dizaine de personnes. Il fait encore froid et comme il n'y a pas d'éclairage nous devons nous servir de la lumière de nos téléphones. La pénombre des grands escaliers que nous empruntons force tout le monde à garder le silence. Les moines et les moniales sont déjà dans la basilique en train de chanter. L'office est pour moi un instant de grâce. Les chants grégoriens montent et nous élèvent pendant presque une heure, et nous font oublier la fraîcheur du lieu au petit matin.

Pendant mon séjour, la relique du crâne du fondateur de l'abbaye, saint Aubert, évêque d'Avranches, est exposée. Celui à qui saint Michel a donné la mission de bâtir un sanctuaire. Né dans une famille fortunée, saint Aubert aurait distribué ses biens aux pauvres, après en avoir hérité. Un exploit lui est attribué. On dit qu'il aurait été témoin d'un combat entre saint Michel, en personne, et un dragon. Plus tard, il aurait eu une vision du saint lui intimant de construire une église sur l'îlot. Jugeant cela impossible à réaliser en raison de la topographie, saint Aubert crut d'abord que c'était Satan qui essayait de lui jouer des tours. Mais saint Michel lui revint en songe par trois fois, et afin qu'Aubert n'oublie pas sa volonté, il lui imprima une marque sur le crâne, de la circonférence d'un pouce.

Des années plus tard, après avoir bâti une église et installé une dizaine de moines, saint Aubert meurt. On le place alors sous le chœur, la tête vers l'autel. Les moines décident de conserver deux reliques : son crâne et son bras droit. Si la relique de son bras a été perdue sous la Révolution, son crâne, placé dans un magnifique reliquaire, y est toujours vénéré. Des analyses récentes ont montré que le crâne date bien de la période de fondation du monastère.

Par chance, ou par grâce, le jour où nous sommes au Mont-Saint-Michel, son immense reliquaire est présent. J'ai donc pu m'y recueillir.

*

Ce passage au Mont-Saint-Michel me donne l'occasion de mesurer la distance et le chemin parcourus depuis le mois de mars. Le nombre de rencontres faites, de lieux visités, d'émerveillements vécus – et de douleurs partagées. Sur ce rocher suspendu au-dessus des flots, je pense à tous ces pèlerins qui ont voyagé, comme moi, à travers l'Europe et le monde. Ceux qui autrefois ralliaient Rome à Jérusalem, Rocamadour à Compostelle.

À ma mesure, cela fait des mois que je vais de cathédrale en cathédrale. Que je pérégrine de région en région à travers toute la France. Sur ce chemin, entre ces repères de pierres éternelles, j'ai vécu ce qu'ils ont connu : l'aventure, l'abandon, la souffrance, la joie. Pourquoi ai-je choisi les cathédrales ? Pourquoi ne pas avoir choisi un chemin de pèlerinage plus traditionnel, mieux balisé ?

La France, fille aînée de l'Église, premier royaume après celui du Ciel. Pendant les premiers siècles du deuxième millénaire, elle se couvre d'abbayes et de cathédrales. Désormais, je peux témoigner cet élan qui marquera durablement notre terre.

Nos églises sont partout. Elles irriguent nos provinces. Nos cathédrales en sont l'emblème. J'en ai visité presque 80 depuis le début de mon tour de France !

En premier viennent les grandes cathédrales gothiques. Celles qui s'élèvent comme des vaisseaux posés au sommet d'une ville. Presque orgueilleuses, ces cathédrales se drapent dans leur dentelle de pierre, et les vitraux les parent d'une fragilité apparente. Arrivent ensuite les cathédrales-forteresses. Trapues, aux tours robustes, elles portent sur elles les traces indélébiles des orgueils humains. Surgissant au détour d'une ruelle du centre-ville, ou dominant une vallée comme des gardiennes immobiles, elles sont le signe des puissances et des gloires d'autrefois. Leur présence rassure.

Puis, dans la chaleur de la Côte d'Azur, les petites cathédrales paléochrétiennes, timides, discrètes, émeuvent par leur humilité. Pierres mérovingiennes, baptistères des premiers siècles, voûtes basses et nefs sombres. Ce sont les premières filles de la plus grande épopée civilisatrice de l'Occident. Elles portent en elles le poids de l'histoire et invitent au recueillement.

Enfin, il est difficile de ne pas porter un jugement sévère sur les cathédrales du XIXe siècle car elles se bornent à mixer ou à copier les styles déjà existants. Témoins surtout de l'explosion démographique et missionnaire, elles manifestent, malgré tout, la volonté d'un peuple à continuer de se projeter dans le temps long. À construire un futur. À unir les classes sociales et les générations. Elles nous montrent qu'il faut autre chose que de simples émotions pour unir notre peuple.

Les enterrements de chanteurs, de présidents, les victoires sportives ne sont pas assez. Ces émotions-là sont éphémères, nous ne pouvons rien construire dessus. Il est étrange d'ailleurs de voir nos représentants politiques s'en repaître, dans l'illusion de fédérer, de « faire nation ». Il nous faut, *a contrario*, du solide, du long terme. Les cathédrales constituent certainement un aspect de cet horizon granitique dont nous avons besoin pour construire notre unité. Elles sont un point de rassemblement pour tout le monde, car tout le monde peut y trouver quelque chose. C'est l'apanage de la beauté que de prétendre avoir une destination universelle.

*

Jour de chance. Alors que j'accomplis ma visite de la Merveille, un chœur répète. Du grégorien. Tout ce que j'aime – foi de mélomane.

Le gré-go-rien. Trois syllabes : écho d'éternité ou pièce de musée destinée à l'oubli ? Chant qui frôle l'immortalité ou mode antique pour vieillards aigris ?

Nous sommes au VIe siècle. Le pape saint Grégoire le Grand décide d'unifier les rites d'une liturgie naissante et foisonnante. Il organise les textes liturgiques.

Il améliore, supprime, trie les prières pour établir le cycle officiel de l'année, définit et compose ce qui doit être chanté. La base du grégorien est là.

Chanté, enseigné, diffusé, il conquiert alors l'Europe. Il entre dans toutes les églises et chapelles qui fleurissent les royaumes, pour venir sublimer les voûtes toutes neuves des cathédrales qui grandissent. Il est, ni plus ni moins, à l'origine de la musique moderne. Il fonde en Europe la culture musicale et encourage la création des premières polyphonies.

Art musical par excellence, le chant grégorien est par ses mélodies largement inspiré du chant des oiseaux et des sonorités de la nature. Il développe une richesse incroyable de modes musicaux, bien plus que en offre la musique moderne. Il est surtout un acte liturgique à part entière. De l'ordre du sacramental. C'est un canal privilégié de grâces pour les fidèles, car il nous fait entrer dans le plus sacré de l'homme et, par le sensible, participe à l'élévation de l'âme.

Le grégorien n'est plus audible par les oreilles relativistes d'aujourd'hui ; c'est triste. Les hommes se sont coupés de la nature, ils ont perdu le sens du sacré. La douceur et la beauté ne sont plus nos invitées d'honneur. Par un renversement détestable, notre civilisation, qui s'est construite au rythme des mélodies grégoriennes, rejette et ignore ce qui fait son esprit musical. Les oreilles contemporaines n'aiment que les rythmes frénétiques et assourdissants – que j'écoute aussi, je l'admets.

À Amiens, le chant de la maîtrise réchauffe le chœur et mon cœur. Doucement, paisiblement, la divine mélodie se dresse et s'élève. Ce sont des suppliques, des chants de louange ou de gloire, des cris de détresse ou de victoire, des soupirs et des murmures, d'allégresse ou d'espoir. Ils se lient, se mêlent et s'entremêlent, pour venir, avec les volutes d'encens, épouser la voûte éternelle.

Moi qui suis assis dans ma misère, je prends ce chant comme un remède de l'âme. Une par une, les notes viennent adoucir les brèches de mes douleurs. Il ne s'agit plus de musique, mais de prière. Il ne s'agit plus de beauté, mais d'éternité.

*

En arrivant au Havre, nous nous cassons le nez sur la cathédrale. Fermée par arrêté municipal pour cause de chutes de pierres. Nous filons voir l'église Saint-Joseph. Un édifice en béton. Spectaculaire.

Construite après la Seconde Guerre mondiale, elle est l'œuvre de l'architecte Auguste Perret. Sa tour-lanterne, qui culmine à 107 mètres, fait aussi office de phare visible à des dizaines de kilomètres au large et de « stèle en mémoire des disparus ». 3 000 personnes tuées par les bombardements qui détruisent la ville en 1944. Saint-Joseph symbolise sa renaissance.

À mes yeux, le béton est une matière froide, grise, peu humaine. Son imaginaire et sa couleur l'éloignent du sacré. Pourtant, ce matériau a aussi sa noblesse. Vouloir rendre hommage aux victimes en l'utilisant dans une œuvre totale est une belle intention. À Saint-Joseph, cela fonctionne.

L'intérieur ressemble à un amphithéâtre. Une impression due à son plan en croix grecque, et non pas romaine. Au centre, la tour-lanterne. On n'en voit pas le sommet ; il est perdu dans les cieux. Un geste architectural. On se croirait dans un vaisseau de *La Guerre des étoiles.* De petits vitraux effilés placés tout le long des parois jouent avec la lumière et saisissent le pèlerin que je suis.

À Saint-Joseph, j'ai découvert que l'austérité du béton pouvait aussi amener au divin.

*

L'arrivée à la cathédrale gothique Notre-Dame de Rouen sur le pavé usé de la rue du Gros-Horloge est fidèle aux peintures de Claude Monet. En avançant, je retrouve cette façade, la plus large d'Europe, immortalisée dans sa série de tableaux la capturant à différents moments de la journée.

Avec l'équipe de tournage, nous avons l'autorisation de monter dans le carillon. Là, nous découvrons qu'il n'y en a pas un, mais deux. Le second sert aux répétitions. Je me lance sur ce qu'est le plus grand xylophone du monde…

64. C'est le nombre des cloches de Notre-Dame de Rouen. Chacune, avec son nom et son histoire, contribue à la richesse sonore et au patrimoine de l'édifice. La plus célèbre est sans doute « Georges d'Amboise », nommée en l'honneur de l'archevêque mécène de la Renaissance qui a contribué à la rénovation de la cathédrale. Elle sert pour les grandes occasions et les fêtes de l'année liturgique. Elle sonne également pour marquer les heures, battant le rythme quotidien de la ville.

Au fil des années, de nouvelles cloches sont arrivées. Ces ajouts enrichissent le carillon. Lui donnent des sonorités contemporaines. Le chant des cathédrales se perpétue et résonne à travers les générations comme un écho immortel du temps.

Cathédrale Sainte-Cécile d'Albi

Chapitre 11

Laissons-nous guider par le règne du Beau et du temps long

Transmettre. Toucher le grand public. Lui faire goûter la beauté d'une cathédrale. En écoutant la réalisatrice qui m'accompagnera pour tourner les documentaires, je prends la mesure de la manière dont je dois parler de l'architecture de l'édifice, son plan, ses symboles, sa portée historique et spirituelle. Souvent, Deborah m'interroge : Qu'est-ce que c'est ? Que représente-t-il ? en me désignant tel ou tel objet, sculpture, vitrail.

Étant de confession juive, elle n'est encore jamais entrée dans un édifice religieux chrétien.

– Tu as de la chance. Pour une première visite d'église, Notre-Dame de Chartres, c'est exceptionnel.

Sensible au sacré, elle sera touchée par la majesté du lieu, captivée par les vitraux et la lumière qui danse à travers eux. L'atmosphère solennelle et la beauté intemporelle de la cathédrale touchent quelque chose de profond en elle, transcendant les barrières de sa propre foi.

Plus tard, dans la cathédrale Notre-Dame-de-l'Assomption à Clermont-Ferrand, elle me tape sur l'épaule :

– Pourquoi y a-t-il des étoiles de David partout sur les vitraux ?

– Je ne sais pas, demandons au recteur, qui nous guide.

Curieuse, sensible à tout, Déborah sera une alliée de poids dans la réalisation de ces quatre documentaires. À travers elle, je sens un public avide de découvrir l'univers des cathédrales, souvent bien opaque. Il est temps de porter un regard nouveau sur ces trésors du patrimoine. Dans un dialogue constant, elle réussit à m'orienter pour que le contenu de notre programme soit correctement ajusté à la cible grand public de notre chaîne de diffusion. Elle m'apportera une solide expérience, le regard toujours en quête de ce qui parle et de ce qui vaut le coup d'être montré. En échange, j'espère lui avoir donné de quoi continuer de nourrir son amour pour notre héritage.

*

Les tournages sont denses. Nous avons travaillé en amont pour préparer les visites. Nous filmons non-stop de 7 heures du matin à 22 heures. En arrivant, il faut prendre connaissance des lieux, rencontrer les personnes à interviewer, se mettre en place, tourner, travailler le fond, travailler la forme, puis trouver les images d'illustration. Dès que nous quittons un lieu, nous n'y reviendrons plus, sans possibilité de recommencer sur une scène que nous aurions manquée. Quant à moi, je dors toujours chez l'habitant.

Je suis passé d'un voyage en solitaire à une équipée avec trois personnes pour la réalisation du documentaire. Je dois écouter, partager, composer avec elles. Chaque semaine, je suis obligé de faire un aller-retour en train à Paris, portant toujours mes deux sacs à dos – ce qui est usant. Après les grands espaces, la nature et la beauté je me retrouve dans la cabine de montage du documentaire. Une œuvre enthousiasmante, mais titanesque avec quatre épisodes de 52 minutes. Une course contre la montre parce qu'ils doivent être prêts pour le 1er janvier.

Cela fait des mois que je suis sur la route, je suis épuisé. En rentrant à Paris, entre deux séances de montage, je dors chez des amis chez qui je squatte. Même si j'éprouve du plaisir à être une courroie de transmission ; même si je sais pourquoi je suis embarqué dans ce minibarnum ; je n'ai qu'une envie : que tout ça s'arrête.

*

Albi, cathédrale Sainte-Cécile. Je devais m'y rendre. Des pèlerins croisés me l'ont dit et répété : elle ne ressemble à aucune autre.

L'imposante silhouette de brique rouge se dresse devant moi. Massive, austère. Ses murs vertigineux dépourvus d'ornements, ses tours crénelées, ses meurtrières et ses contreforts évoquent plus un château fort qu'une église. Sainte-Cécile a des allures de krak des chevaliers.

Construite au XIIIe siècle avec 25 millions de briques, elle se dresse, sobre, monolithique, inébranlable, avec sa silhouette de forteresse de Dieu, comme un rempart de la foi catholique. Jadis, elle fit face à l'hérésie cathare.

Elle est dominée par un clocher-donjon qui culmine à 78 mètres. Vertigineux. L'entrée, monumentale, offre un portail gothique flamboyant. Ultra-sculpté, méridional, absolument hors du commun. Il tranche avec l'austérité du reste de l'édifice.

En entrant dans la cathédrale, je vis un moment de grâce esthétique. J'ai les larmes aux yeux et les mains qui tremblent. L'intérieur est riche d'une invraisemblable profusion de décors auxquels je ne m'attendais pas après la sobriété de l'extérieur. Je suis instantanément immergé dans les voûtes, les reliefs des briques, la lumière des vitraux.

On dit souvent que le Moyen Âge était une époque sombre, obscurantiste, violente. À Albi, je sais que ce sont des idées reçues. Les mains et les yeux qui ont conçu un tel édifice n'étaient pas tristes, fermés, barbares. Ils avaient le sens du beau et la manière de l'exprimer.

Une fois dans la cathédrale, il est difficile de saisir ses proportions. À ce propos, les photographies ne rendent pas hommage à sa grandeur. Je pense qu'il ne faut pas les regarder avant de s'y rendre. Ce conseil vaut d'ailleurs pour nombre d'expériences dans la vie. Il vaut mieux se laisser guider par l'intuition, l'instant et la découverte. Au lieu de tout préparer. Nous vivons à une époque qui a sans doute perdu la capacité à se laisser pénétrer par la beauté de l'inattendu. Or ô combien ces moments nous marquent ensuite à vie, quand ils nous surprennent au détour de notre quotidien !

Dans Sainte-Cécile, je me sens happé dans un tourbillon de couleurs. Voûtes, murs et piliers sont couverts de fresques généreuses. Un bleu profond que je ne crois pas avoir vu ailleurs – ce n'est pas celui de Chartres – enveloppe le visiteur. D'une force et d'une intensité rares, ce « bleu de France » nommé à l'époque deviendra le bleu roi. Les artistes, ou les artisans, je ne sais pas quel est le bon mot, ont dû passer des milliers d'heures allongés sous cette voûte. Comment est-ce de travailler là-haut ? Dans quel état d'esprit se trouve-t-on quand on peint et sculpte à la gloire de Dieu ? J'envie les peintres et les sculpteurs qui ont œuvré ici.

On est loin de la rapidité de notre époque, des couleurs livides ou bien criardes des affiches du métro. Des publicités à la télé, ou sur nos écrans. C'est peut-être une des spécificités des cathédrales, elles redonnent un sens et une vigueur autant au fond qu'à la forme de l'image. Au lieu d'être consommées rapidement, elles demandent du temps. Il faut les contempler pour les comprendre.

Je vis un moment prodigieux tout de même, moi qui ne m'attendais à rien. Une des spécificités de Sainte-Cécile est qu'il n'y a ni transept, ni bas-côté. Elle est faite d'un seul bloc, à la manière d'un tunnel de lumière. Cependant, il y a un double chœur, un devant, un derrière.

Les fresques des voûtes forment l'ensemble de peintures de la Renaissance italienne à la fois le plus large, mais aussi le plus ancien de France. Elles ont été réalisées au XVIe siècle par des artisans de la Péninsule. Depuis, les plus importantes n'ont pas été restaurées. Pourtant elles sont toujours aussi éclatantes. Comme si les artistes les avaient achevées hier. Avec leurs pinceaux, leur amour du beau, travaillant dans le silence de la cathédrale. On jurerait que l'on vient de les croiser en entrant.

À part l'un d'entre eux, Giovanni Francesco Donnela, les noms des peintres nous sont inconnus. Nous passons notre temps à courir derrière de fausses valeurs artistiques, obsédés par la signature, aussi je ne suis pas gêné d'ignorer l'identité des auteurs de toutes ces œuvres d'art. Après tout, est-ce si important d'avoir tous leurs éléments biographiques alors que nous faisons face à des chefs-d'œuvre ? Ces hommes ont mis le meilleur de leur âme dans ce travail. Tandis que pour le reste, leur quotidien, leurs souffrances, leurs doutes, leurs joies, il nous est inconnu. Mais le meilleur de ce qu'ils ont produit est là, offert à notre admiration, dans le calme, la lumière et le silence. Depuis cinq siècles. Quelle leçon.

Les voûtes de Sainte-Cécile sont un enseignement théologique, un livre ouvert aux croyants et à tous les visiteurs. On y retrouve les grands thèmes bibliques, notamment l'Annonciation, la Parousie, la Transfiguration et le Couronnement de la Vierge. On imagine qu'autrefois, alors qu'il montait en chaire, l'évêque d'Albi pouvait montrer telle ou telle partie de la cathédrale en s'adressant aux fidèles. Donnant ainsi en exemple la Vierge Marie aux foules.

Peut-être que mon appartenance à une génération prise – prisonnière ? – par l'image a aussi contribué à construire ma sensibilité pour les cathédrales. Elles sont naturellement photogéniques. Dimensions, matériaux, trésors les rendent singulières, insolites, remarquables.

*

À Sainte-Cécile, je n'en ai pas fini avec mon chemin de joie. Elle a encore son jubé. Une merveille de dentelle de pierre, sculptée au millimètre. À chaque instant, en l'observant, on a l'impression d'être face à un miracle. À chaque instant, on craint qu'il tombe et qu'il se brise.

Richement décoré de sculptures, de reliefs, et de peintures, il est couronné de fleurons, blasons et fleurs de lys.

Sur la façade externe du jubé, on trouve 47 statues dont douze prophètes de l'Ancien Testament. À l'intérieur figurent les douze apôtres, la Vierge, saint Jean Baptiste et saint Paul. Pour couronner le tout, les deux portes d'entrée de la clôture comportent 72 statues d'anges, accompagnés par les empereurs Charlemagne et Constantin. Il y a aussi des banderoles où figurent des citations de psaumes de l'Ancien Testament et des évangiles. Tout cela est admirable.

Dans le jubé, les vocations de l'humanité, sculpteurs, peintres, prêtres, s'unissent pour montrer aux fidèles une voie qui élève, marquée par l'Espérance. C'est aussi cela la nature des cathédrales. L'incarnation matérielle de ce que nous avons fait de meilleur. De ce que nous ne devons ou ne pouvons pas perdre. À nous de remplir à nouveau cette tâche. À nous d'être dignes, et fidèles à l'héritage que nous avons reçu.

Ce jubé est aujourd'hui l'un des derniers à demeurer en France. Après la réforme liturgique du concile de Trente (1545) qui encouragea leur démantèlement afin de replacer les fidèles au cœur de la messe, aux XVIIIe et XIXe siècles le style gothique n'a plus la faveur du clergé qui le juge dépassé. On assiste dans les cathédrales à une série de modernisations, dont le jubé pâtit souvent. Ou bien on l'abat, ou bien on le remplace par des grilles plus légères. Certains sont simplement détruits, comme à Notre-Dame de Paris en 1709, à Reims en 1744, et à Amiens en 1755.

Pendant la Révolution, au cœur de la frénésie anticléricale, un premier pillage de la cathédrale d'Albi a lieu. Quoiqu'elle soit recouverte de fleurs de lys, de références et d'insignes royaux, les révolutionnaires ne saccagent pas tout. Parfois, ils font simplement sauter des têtes, ou grattent des symboles pour qu'ils ne soient plus identifiables.

Se pose la question de la destruction du jubé. En effet, l'évêque constitutionnel d'Albi, monseigneur Gausserand, a demandé sa destruction, soutenu par la municipalité. Heureusement, un ingénieur s'y oppose.

Jean-François Mariès (1758-1851), architecte urbaniste, surnommé le « Haussmann albigeois », conscient de l'importance de cette œuvre, touché par sa beauté, dessine intégralement à la main le jubé dans tous ses détails.

Puis il écrit une lettre au ministre de l'Intérieur, qui est aussi ministre des Cultes. Il joint ses dessins à sa lettre, en lui disant, en substance : « Monsieur le Ministre, nous comprenons qu'il faille détruire certaines parties de notre passé, mais je vous envoie, au nom du peuple albigeois, ces représentations du jubé de la cathédrale d'Albi, qui est certes une œuvre religieuse, mais qui est d'abord une œuvre artistique remarquable, qui fait honneur aux arts de la nation. »

En conséquence de quoi le ministre de l'époque demande qu'on préserve le jubé. Grâce au courage de Jean-François Mariès, le chef-d'œuvre est sauvé. Aujourd'hui, une plaque lui rend hommage. *Alléluia !*

*

Un peu plus tard, en lisant et en échangeant, je comprends mieux l'histoire de la cathédrale. Celle-ci a été pensée comme une réaction face à l'hérésie cathare. La première pierre est posée en 1282, quelques décennies après la croisade contre les Albigeois. À l'époque où Sainte-Cécile entre en chantier, les cathares ont presque disparu. Cependant, l'Église, et les croyants, décident sans doute de marquer les esprits, en bâtissant un monument à l'image du combat qu'ils ont mené. D'où son architecture à l'air guerrier. Elle ressemble à une forteresse. Une forteresse de la prière, certes, mais aussi une forteresse de la foi.

Quand on a cela en tête, tout est plus logique. On a réellement le sentiment qu'ils ont bâti Sainte-Cécile afin que, dans le cas où des hérétiques y entreraient, ils se disent : « C'est cela le catholicisme ? Je veux en être. » Et, si on est honnête, le projet est une réussite. Des siècles plus tard, quoique je reconnaisse souffrir d'un biais… j'ai eu ce sentiment !

*

Tournons-nous vers l'orgue. Celui de la cathédrale d'Albi n'est pas comme les autres. Avant, il faut passer un long moment à contempler la fresque du Jugement dernier. Celle-ci se trouve juste en dessous de l'instrument. On ne peut pas y être insensible. Que ce soit en raison de son ampleur (environ 300 mètres carrés) ou de la force de son iconographie.

Quand elle est peinte, à la fin du XVe siècle, c'est la plus grande du royaume. La puissance de cette peinture donne un côté tragique et divin au lieu. On a le sentiment, et il est justifié, d'être sur le point de faire la rencontre du Créateur. Avec d'un côté les damnés, et de l'autre les heureux élus qui vont au paradis. Le ton est donné. Les fidèles, pendant la messe, sont mis face à eux-mêmes et leur destin.

Le bois du buffet (la structure architecturale et décorative qui entoure les tuyaux) de l'orgue est tout à fait atypique. Il est orange : il répond bien aux couleurs vives de l'édifice. Parmi les nombreuses orgues que j'ai pu admirer durant mon voyage, celui-ci m'a particulièrement marqué.

J'ai toujours aimé les orgues. Ce sont des instruments extraordinaires, par leur grandeur, leur tremblement, leur élévation. Je suis transporté par la manière dont soudain l'air paraît être percé par des chorales ou des orchestres entiers. Aucun autre instrument n'offre une majesté de cette ampleur. Cette forme de prétention à vouloir trôner au bout des églises et des cathédrales. À ne pas vouloir en bouger. À tourner le dos au peuple.

Il y a une noblesse naturelle à l'orgue. Tout autant dans ce qu'il est que dans ce qu'il chante. Tout autant dans ce qu'il joue que dans ce qu'il suggère à celui qui l'écoute.

Enfin, il a une histoire étonnante. D'abord, c'est un instrument qui n'a jamais fini d'évoluer. L'orgue, en tant que tel, apparaît dans l'Antiquité. Ce sont des flûtes que l'on met en réseau avec une soufflerie. En France, on dit, et il semble que ce soit véridique, que l'orgue a été introduit au VIIIe siècle. L'empereur byzantin Constantin V aurait envoyé un orgue en cadeau au roi des Francs, Pépin le Bref. Au Moyen Âge, on utilise des petits harmoniums pour des parades. Au départ il n'est donc pas nécessairement un instrument religieux.

Il y a des pédales, cinq, six flûtes, sept flûtes et un petit clavier, et on souffle. Et puis, au fur et à mesure, tout cela grandit, et c'est à partir de la Renaissance qu'il commence à se complexifier. En prime, on se met à en faire de véritables œuvres d'art, notamment pour les buffets. Elles deviennent un monde à part entière. Les compositeurs écrivent pour elles. Le plus célèbre d'entre eux, Johann Sebastian Bach, est lui-même organiste. Et les différents pays d'Europe rivalisent les uns avec les autres pour la maîtrise de la facture d'orgue. La France, mais aussi l'Italie, et les Pays-Bas.

À Albi, la cathédrale porte le nom de la sainte patronne de la musique et des musiciens : Cécile. Une châsse contenant ses reliques est exposée tous les 22 novembre, le jour de sa fête. Je l'ai priée, et j'ai rendu grâce, moi qui suis mélomane, pour les bienfaits de la musique dans ma vie. Notamment ces harmonies sacrées, le grégorien et Bach.

En quittant Albi, je songe au mystère de cette foi catholique qui insuffle à l'homme le désir de se lancer dans la construction d'édifices monumentaux comme Sainte-Cécile. Peut-être l'ai-je trop dit et répété, mais nous prenons trop rarement la mesure de ce que sont ces lieux.

Par ailleurs, combien de fois, dans les cathédrales de France, me suis-je rendu compte de la chance extraordinaire que nous avons de vivre à une époque où nous pouvons les contempler facilement ? Autrefois, les hommes devaient voyager des jours, des semaines, des mois afin de s'y rendre. Désormais, grâce à la voiture ou au train, nous pouvons, en quelques heures, y faire une visite. C'est aussi une spécificité de la France. Notre territoire est couvert de ces merveilles, et pourtant, combien d'entre nous les connaissent réellement ? Combien d'entre nous prennent le temps de se laisser émouvoir par la douceur de l'héritage des bâtisseurs ?

Cathédrale Notre-Dame de Paris

Chapitre 12

Et Notre-Dame de Paris renaît

Au prieuré de Bray, dans l'Oise. J'achève enfin mon tour de France là où il est né, au cours d'une discussion un soir d'hiver, en février 2023, auprès du feu. Rien d'extraordinaire après une semaine entière passée dehors sur un chantier, si ce n'est l'intense discussion qui s'engage avec le propriétaire du lieu. Depuis l'incendie de Notre-Dame de Paris, une graine a germé dans ma tête. Elle arrivait à maturité, et j'en faisais part à mon hôte. Ce soir-là, j'étais venu en quête de ses conseils et de sa sagesse.

Depuis plus de quinze ans, mon ami Laurent Sirot restaure, aidé de quelques artisans, une chapelle de style gothique flamboyant dans la lignée de la Sainte-Chapelle. Au début de l'année 2023, je l'ai aidé plusieurs mois sur son chantier. Là, j'ai côtoyé des ouvriers, compagnons du devoir, acharnés à la tâche, dévoués à leur art. D'une main de maître, Laurent, qui n'est pourtant pas architecte, dirige son chantier en infusant un sain esprit de camaraderie et d'entraide. Il m'avait fait signe à l'époque pour que je puisse gagner un peu d'argent et m'éprouver aux tâches manuelles. Je suis passé, après deux mois, de « responsable balai » à la maçonnerie, à l'enduit, à la couverture, à l'électricité, à l'isolation.

Alors que j'évoquais l'idée de mon tour de France des cathédrales et partageais mes doutes avec lui, il m'a simplement répondu : « Qu'attends-tu, Henri, pour le faire ? Pars. Tu le sais, c'est maintenant ou jamais. »

Et je suis parti.

Après neuf mois d'itinérance, je suis revenu transformé, exténué. Mon seul désir est de dormir, passer du temps en famille et voir mes amis. Laurent le sait, et pour m'accompagner il me sert un mémorable plateau de fromages, dont lui seul a le secret. Peu est dit, mais nous nous sommes compris. Je ne le remercierai jamais assez de cette impulsion qu'il m'a donnée. Elle fut la dernière d'un long alignement de décisions, réflexions, mises en situation. Ce fut le petit domino qui dans sa chute brisa la dernière entrave à ma volonté.

À mon retour, mon frère et moi organisons une fête mémorable pour le 31 décembre. Je souhaite réunir le plus d'amis possible pour célébrer comme un point final ma longue aventure. Toute la famille accepte de jouer le jeu, et met la main à la pâte.

Dans l'attitude de mon père, il y a peut-être un écho à la parabole du fils prodigue : après un voyage initiatique, long et éprouvant, c'est le moment du retour, celui où, comme dans l'Évangile, le père accueille avec joie et générosité son enfant revenu, célébrant non seulement la fin de l'errance, mais aussi le renouveau d'un lien familial plus fort que jamais.

Le 1er janvier 2024, après le départ de nos amis, je retrouve le vide et le silence. Nous sommes partis en famille marcher sur la côte vendéenne, ramasser les embruns. Il y a comme un moment, avec mes parents, mes frères et mes sœurs, où tout s'apaise. Les choses reprennent petit à petit leur place. Le sommeil, l'appétit, et le temps. Annecy commence à s'effacer. Un mouvement qui se fait pas à pas, dans les rafales de vent et le creux des vagues.

*

Enfin, Notre-Dame. Elle n'est pas la seule Notre-Dame, mais elle est *la* Notre-Dame. Celle que le monde entier a vue brûler. Celle qui m'a jeté sur les routes, qui m'a intimé d'aller voir toutes ses sœurs dans notre pays. Elle, qui, à chaque pas que je faisais durant mon pèlerinage, était rebâtie patiemment, avec amour.

Cette reconstruction n'est pas simplement une affaire de matière ou de forme. Il y a plus que la pierre à tailler, la charpente à monter, la chimère à sculpter, la fresque à raviver. Pourquoi avons-nous été tant affectés par son incendie, individuellement et collectivement, en France et dans le monde entier ? Parce que, au milieu de nos vies agitées, de nos frayeurs et de nos angoisses, elle ne bouge pas. Elle est. Elle tient. Stable et rayonnante. Ses murs de calcaire accueillent chacun d'entre nous, inconditionnellement, gratuitement. Nous y venons redonner un sens à notre vie. Sa vocation est de nous faire goûter à l'éternité.

Au milieu de mon aventure, en plein mois d'août, je suis revenu à Paris pour plusieurs jours. Le général Georgelin, Philippe Jost et leur équipe, à la tête de l'établissement public chargé de la conservation et de la restauration de la cathédrale, m'invitent à visiter le chantier et les équipes qui y travaillent. Je découvre à cette occasion une ruche géante et un état d'esprit particulier, qu'ils appellent l'« esprit Notre-Dame ».

J'ai déjà vu des chantiers de cathédrales, puisque nombre d'entre elles sont en travaux. Mais cela ne concerne généralement qu'une partie de l'édifice. À Notre-Dame, c'est autre chose. Le chantier est hors norme, unique pour notre époque. Notamment par les moyens qui y sont déployés. Le budget de 850 millions d'euros permet l'emploi simultané de presque 2 000 artisans.

Le soleil ne s'y couche jamais. Pour tenir les délais, les ouvriers travaillent jour et nuit. « Nous la rebâtirons en cinq ans », avait déclaré le président de la République au soir de l'incendie. L'enjeu est présidentiel, il faut tenir ce délai. Quelle ambition lorsque l'on sait qu'il a fallu plus de cent quatre-vingts ans pour l'ériger de 1163 à 1345 !

Ce qui s'y passe est digne d'un ballet. L'organisation est réglée comme du papier à musique. Tout doit coulisser, glisser, s'enchaîner. Aucun mouvement ne peut être improvisé, au risque de compromettre ou d'entraver le travail des autres.

Pour la protéger du monde extérieur, la cathédrale est sous cloche. Les normes de sécurité ont été poussées à leur maximum. Responsabilité et exactitude sont les maîtres mots. Parce que tout est lié. Chaque intervention, de la plus petite à la plus spectaculaire, est un chaînon qui forme le corps vivant de l'édifice.

Quand nous pénétrons dans ce bloc opératoire gigantesque, nous devons intégralement nous déshabiller, pour enfiler une combinaison avec des bottes, un casque et surtout des sous-vêtements en papier – ce qui est fort désagréable. Quand nous ressortons, la douche est obligatoire, avant de nous rhabiller et de jeter à la poubelle les vêtements portés. Cette exigence vient des tonnes de plomb utilisées pour la couverture, par-dessus la charpente et la flèche, et qui ont coulé lors de l'incendie partout dans l'édifice. De longs mois furent nécessaires pour décontaminer l'ensemble, et les résidus ne sont pas à négliger.

La première impression qui se dégage de cette mécanique en mouvement est le sérieux et la gravité du travail. Je sens que tous les intervenants sont animés par le souci de bien faire, de respecter la cathédrale et de faire honneur à leur savoir-faire. Ma seconde impression, la plus belle, est que nous ne sommes pas sur un chantier quelconque, mais dans une communauté, une sorte de village d'art et d'artisanat.

Au chevet de la cathédrale, il y a des immeubles Algeco montés rapidement. Ils sont bien aménagés, avec de nombreuses pièces. C'est la tête du chantier. De là partent les ordres. Tout le monde se parle et se tutoie. C'est une règle informelle qui donne immédiatement un ton amical et chaleureux au chantier.

À l'heure où j'arrive, en fin d'après-midi, les artisans commencent à partir. Ce sont surtout les échafaudeurs qui travaillent sur cet immense Meccano qui enserre la cathédrale, à l'extérieur comme à l'intérieur. Cette incroyable structure métallique évolue tous les jours. Il faut libérer ce qui a été restauré, mettre en place dans la foulée les nouveaux éléments pour le corps de métier qui va opérer. La nuit est un jour sans fin sur l'île de la Cité pendant lequel le papier à musique continue de jouer ses notes.

*

À l'intérieur du bâtiment, il est impossible de retrouver une perspective. Le centre de la cathédrale et sa voûte sont envahis par un gigantesque échafaudage de 13 ou 14 étages, éclairé par de puissants spots. À hauteur d'homme, on a l'impression d'être dans une mangrove. Les milliers de piliers des échafaudages ressemblent à une forêt au pied de laquelle gît une mer de câbles. Pour avancer, il n'y a pas le choix : il faut suivre des chemins balisés, tant les piliers sont nombreux et collés les uns aux autres, empêchant toute traversée anarchique. Il y a aussi des ascenseurs. Tout cela est bien huilé. On nous a dit : Si vous voulez prendre un ascenseur, il faut en faire la demande. On ne peut pas le prendre n'importe quand parce que le timing de l'ascenseur est calculé à la minute près, pour que tout soit fluide et que personne ne se marche sur les pieds.

Mais il y a surtout un détail, qui n'en est pas un, qui m'interloque. Une impression majeure lorsque je redécouvre la pierre. Avant, nous connaissions notre cathédrale sombre, humide, poussiéreuse et sale. Désormais elle est blonde, brillante, éclatante. Subjugué, je ne peux que la fixer béatement, la tête renversée en arrière. Sous la puissance des spots, la cathédrale semble respirer de nouveau un air de jeunesse. Pour nettoyer la pierre, les ouvriers ont projeté du latex sur les murs. Puis, petit à petit, mètre carré par mètre carré, ils l'ont décollé, nettoyant la pierre, emportant les couches de saleté.

Parvenu dans le chœur, j'aperçois le trou dans la voûte qui sera bientôt comblé par la nouvelle flèche. Tous les échafaudages s'y rejoignent. Une charpente provisoire dans un bois de châtaignier plus clair maintient les premières poutres de chêne. Comment font les artisans pour se repérer dans ce mikado géant ?

Je suis maintenant sous une chapelle latérale, à un mètre des voûtes. Une restauratrice y peint les fresques avec un pinceau à poil fin, au millimètre près. Autour d'elle, des grandes bâches blanches hermétiquement fermées l'isolent et un chiffonnage la protège. Pour éviter que de la poussière pénètre et permettre que la peinture sèche, un système de ventilation renouvelle l'air. Tout est d'une sophistication folle sur ce chantier à nul autre pareil.

Sur le parvis se trouve l'atelier des sculpteurs. En pénétrant sous la haute structure blanche qui le protège, nous entrons dans le monde des gargouilles, des chimères, des anges et des saints. C'est ici que les artistes du chantier ont reconstitué les statues, décors, reliefs abîmés pendant et avant l'incendie, car malheureusement, il n'y avait pas besoin d'une telle catastrophe pour que les extérieurs s'abîment et la statuaire avec.

À ces artistes, il ne faut pas parler de délai. Bien qu'ils soient plongés résolument dans leur monde, la maîtrise d'ouvrage leur accorde sa confiance. C'est de cette manière qu'ils réalisent des œuvres intemporelles, qu'ils ouvrent des chemins, des voies inattendues.

Heureusement, la cathédrale de Paris est la cathédrale la plus documentée de France. Des relevés extrêmement précis ont été faits au XIXe et au XXe siècle sur la statuaire.

Cela explique la présence d'immenses tableaux, dans l'atelier, sur lesquels sont épinglés des gravures et des dessins, anciens et contemporains. Il y a ainsi toute la matière et la connaissance pour reproduire les statues abîmées ou détruites.

*

Plus tard, j'ai la chance de visiter les Ateliers Perrault en Mayenne, chargés de reconstruire la charpente médiévale. Son dirigeant me raconte l'élan de solidarité des propriétaires de forêts, volontaires pour offrir des chênes.

Il m'explique qu'en raison d'un cahier des charges spécifiques, il faut sélectionner sur place les arbres adéquats. En effet, la courbure d'une poutre doit se retrouver exactement dans celle de l'arbre. Il m'apprend que le bois de chêne le plus précieux est celui qui est à la base du tronc. Il est récupéré par les tonneliers pour leurs tonneaux. Juste au-dessus, le bois sert aux ébénistes pour les beaux meubles, ou aux luthiers pour les instruments de musique. Traditionnellement, c'est seulement après qu'on arrive au bois de charpente. Sur la partie supérieure de l'arbre. Cependant, cette fois, comme il s'agissait de Notre-Dame, il a obtenu après négociations d'avoir l'arbre sur toute sa longueur.

Lors de ma visite de ces ateliers, je découvre une foule de détails à propos du chantier. Tout y est démesuré. Un des artisans a eu pour mission, pendant deux ans, de tailler à la main toutes les chevilles nécessaires à la charpente. Il y en a plus de 2 750 !

Tout ce travail n'a été possible que grâce à la transmission de savoir-faire artisanaux. Certaines de ces méthodes, comme l'équarrissage des grumes à la hache, existaient encore, mais de façon anecdotique chez des charpentiers isolés qui avaient maintenu, coûte que coûte, cette technique. Il faut partir du tronc brut. Rien n'est découpé à la scie ; il faut tailler intégralement à la doloire, une hache pour la charpente, à la courbe particulière, légèrement bombée. Conçue pour donner un effet de vague lors de la taille des poutres, elle ne brise pas les fibres. L'intérêt est alors double : esthétique et mécanique. Le bois va être plus solide et plus souple, et la charpente plus résistante.

Au XIXe siècle, celui de la révolution industrielle, quand il a fallu refaire des charpentes en bois, nos ancêtres ont utilisé des scies mécaniques. Cent cinquante ans plus tard, nous pouvons voir clairement la différence. Les charpentes médiévales, taillées à la hache comme à Notre-Dame, tiennent, on le sait, huit cents ans ! C'est la raison pour laquelle les Ateliers Perrault, et d'autres, continuent de former des taillandiers à ces vieilles techniques emplies de sagesse.

*

L'esprit Notre-Dame, tous m'en ont parlé. Il repose sur une idée simple : il faut tout laisser de côté pour se mettre totalement au service de la cathédrale. Il y a, je pense, comme une sorte de miracle que cela ait fonctionné pendant cinq ans. Des entreprises, habituellement concurrentes, ont accepté de travailler ensemble. Ce qui les a obligées à trouver de nouvelles manières de faire. Au point que, pour la flèche et le transept, elles ont construit un hangar en commun dans lequel leurs artisans se retrouvent.

Ainsi à Notre-Dame, l'ambiance est rare, insolite, magnifique.

Des ouvriers venus du monde entier échangent sur le chantier. Des Anglais, des Américains, des Argentins, des Australiens. Ils ont laissé derrière eux leurs travaux et leur famille pour y participer. L'un d'eux a même proposé de le faire gratuitement. Pourquoi ? Parce que c'est Notre-Dame. Parce qu'il n'envisage pas de ne pas y être, et de ne pas laisser une trace, certes modeste, mais la sienne.

*

Il y a dans cette aventure un personnage exceptionnel. Il s'agit de l'architecte en chef des Monuments historiques chargé de Notre-Dame, Philippe Villeneuve. Pour moi, il incarne la cathédrale. Il en est tombé amoureux pendant son adolescence, allant même jusqu'à en réaliser une maquette. Elle est chez lui, inachevée. La légende raconte que c'est la maquette la plus extraordinaire jamais réalisée de l'édifice. Il ne la montre qu'à ceux qu'il estime dignes de l'apprécier. Peut-être aurais-je un jour la chance de l'admirer ?

Je pense sincèrement que c'est en grande partie grâce à lui que la France et le monde vont retrouver une cathédrale sublimée, et historiquement fidèle. Sa détermination est allée aussi loin que la recherche de savoir-faire anciens, et le choix de matériaux rigoureusement similaires à ceux de l'époque médiévale.

Au XIXe siècle, lors de la restauration dirigée par Viollet-le-Duc, les bâtisseurs prennent les pierres qu'ils ont rapidement sous la main. Elles s'abîment vite. Voilà pourquoi M. Philippe Villeneuve a décidé de ne pas répéter cette erreur. Il a réalisé des études précises sur les pierres du Moyen Âge pour chercher celles qui possèdent les mêmes caractéristiques. Il voulait retrouver le même calcaire, avec le même taux de coquillages, la même dureté. Pour y parvenir, il s'est fourni dans trois carrières situées dans l'Oise.

Un autre détail émouvant à son sujet. Philippe Villeneuve m'a raconté n'avoir pas été capable de regarder les images de l'incendie, ni celles de la chute de la flèche, jusqu'à quelques mois avant la réouverture de la cathédrale. C'était trop douloureux pour lui.

*

Le chantier a mobilisé 250 entreprises spécialisées dans la restauration de monuments historiques. La liste des professions est un poème à la Prévert : charpentiers, tailleurs de pierre, maçons, couvreurs, électriciens, vitraillistes, restaurateurs d'art, sculpteurs, menuisiers, forgerons, plombiers, échafaudeurs, cordistes, architectes, ingénieurs, experts en sécurité, et archéologues.

Ces derniers ont fait des découvertes exceptionnelles. Que ce soit le sarcophage de Joachim Du Bellay, ou bien des parties du jubé qui avaient disparu, encore peintes avec les polychromes du Moyen Âge.

Les fouilles mises en place à la croisée du transept firent l'objet d'un débat. Nombreux sont ceux qui luttèrent pour tenter d'en prolonger la durée, ou au contraire la réduire au minimum. Mais il fallait le faire pour s'assurer qu'il n'y avait rien de précieux sous le sol, avant de monter l'échafaudage de plusieurs milliers de tonnes.

La redécouverte de la tombe de Joachim Du Bellay, et de ceux qui l'accompagnaient, me fait sourire. J'ai envie de dire : « Laissez-les tranquilles ! » Ils n'avaient sans doute qu'une envie. Rester là. Imaginez Du Bellay, qui est enterré à cet endroit depuis le XVIe siècle. Il a tout connu : les rois de France, la Révolution, Napoléon. Soudain, on décide d'ouvrir son cercueil pour connaître l'identité du squelette qui y repose !

*

L'incendie de la cathédrale parisienne a accéléré une prise de conscience dans tout le pays. Je m'en rends compte pendant mon tour. On me parle partout de Notre-Dame.

Partout en France, ce drame a été le déclencheur d'un regain d'intérêt pour le patrimoine religieux. Avec l'envie de l'entretenir.

Grâce, ou à cause de ce dernier, il a été possible de débloquer un peu plus de budget pour restaurer les grands édifices religieux, faire des expertises, renouveler les systèmes anti-incendie, cloisonner les charpentes.

En 2022, le Sénat a fait un rapport. Le patrimoine religieux est le premier patrimoine menacé de France. De nombreuses personnes se sont réveillées avec une forme d'urgence et de nécessité. Beaucoup se sont mobilisés. Pour sauver la pierre et sensibiliser l'œil du grand public à ces trésors.

Je voudrais ici élargir le débat. Au-delà de la question matérielle, que va-t-on réellement sauver derrière les pierres ?

Bientôt, nous allons assister à la réouverture de Notre-Dame où une centaine de chefs d'État ont été invités. Qu'est-ce que cela signifie ?

Une partie de la réponse se trouve simplement dans la date de la réouverture. Notre-Dame de Paris est rendue au culte le 8 décembre 2024, jour de la fête de l'Immaculée Conception, qui est précisément la fête du chapitre de Notre-Dame. L'autel sera à nouveau consacré ; le saint sacrement de retour dans la cathédrale. Tout cela est donc fait avant tout pour le culte de Dieu et la vénération de la Vierge Marie.

Voici, *in fine*, le message que j'ai découvert en fréquentant nos cathédrales. J'ai senti, pendant mon périple, un pays avec une soif profonde de se réunir autour d'une certaine transcendance, ou d'un idéal commun. C'est ce que nous dit cette flèche qui monte de nouveau vers le ciel. Nous sommes, en 2024, toujours capables d'être des bâtisseurs. Nous avons reconstruit une cathédrale. Ce qui n'avait pas été fait depuis le XIXe siècle : un geste de civilisation.

Après sa réouverture, on estime que Notre-Dame accueillera plus de 15 millions de visiteurs. Ce sera le monument le plus visité au monde, après la Cité interdite de Pékin. Tout le parcours de visite a été repensé pour faire vivre au touriste, au Parisien, au monde entier, un pèlerinage.

La visite se fera du nord au sud, c'est-à-dire de gauche à droite. Pour passer de l'ombre à la lumière, de la Passion à la Résurrection, en s'arrêtant devant le reliquaire de la Couronne d'épines, preuve matérielle du sacrifice du Christ. Ce sera monumental. À la hauteur de l'appel de la cathédrale.

Mon cri du cœur

Il me faut vous avouer, cher lecteur, qu'en dépit de ces rencontres formidables, de la joie des découvertes qui se sont enchaînées sans interruption, le retour à une vie sédentaire ne fut pas de tout repos. J'ai dû apprendre à gérer le syndrome post-traumatique d'Annecy. Tout en méditant une notoriété que je n'ai pas choisie. Nombreux furent les moments de grand doute, où, ne me sentant pas à la hauteur, j'ai remis en question tout ce que j'étais en train de construire.

Seulement, une profonde conviction ne m'a jamais quitté, et me pousse, encore aujourd'hui, à vous adresser ce récit, qui, je l'espère trouvera en vous quelque résonance. Je ne peux me résoudre à ne plus partager avec vous ce cri du cœur, que j'ai nourri par la contemplation de notre pays.

Aujourd'hui, c'est à votre tour de lever les yeux. À votre tour de transmettre. À votre tour de protéger cet héritage si riche et pourtant si fragile. Il est composé de ces chefs-d'œuvre qui sont autant de fulgurances. Nos cathédrales, car elles nous appartiennent toutes, nous offrent leurs tympans pour que nous les lisions, nous tendent leurs flèches pour que nous y fixions nos regards, nous abritent sous leurs voûtes pour que nous nous y réfugions.

Prenez le chemin des cathédrales, celui de l'âme.

Comme elles l'ont été pour moi, elles seront, pour vous, avec leurs trésors et leurs cicatrices, un langage du divin.

Et, si vous me le permettez, je partage ici avec vous ma dernière adresse. Elle n'est pas pour vous. Elle est pour celle qui nous a nourris. Celle dont nous avons aujourd'hui la garde.

J'aimerais que vous la fassiez vôtre.

Ma chère France,

Il n'est pas aisé de te parler des choses du cœur.

Certaines de ses vérités sont difficilement saisissables. Elles viennent des enfouissements les plus profonds de l'âme. Leur origine n'est pas connue. Elles sont là par la volonté d'on ne sait quel secret. Intimes à chacun, obscures à d'autres, c'est en vain que nous essayons de les extérioriser. Leur but est de nous émouvoir. Non pas d'exprimer. Elles sont à l'origine de nos actions, et non leur destination.

Ces vérités du cœur, l'Homme, dans sa manie de tout définir et catégoriser, leur a donné un nom. Un seul nom qui contient tout, un seul nom qui transmet tout : l'amour. Drôle d'ambition ! Mais intuition salutaire qui me permet aujourd'hui de t'écrire ces quelques lignes. Reçois-les comme un bouquet de fleurs, gratuitement, sans poser de questions. Il n'y a pas de pourquoi, car il n'y a pas d'explication. Un simple trop-plein d'émotion.

L'amour que je te porte est celui d'un mystère.

Un mystère profond et insondable, qui échappe aux vérités de la raison. Il ne se conforme qu'à lui-même et à la beauté qui en émane. Un mystère qui porte ton visage. Je l'ai trouvé au détour d'une aventure, ou peut-être d'une destinée.

C'est au pied de nos cathédrales que je t'ai pour la première fois rencontrée, et avec elles que j'ai doucement appris à t'aimer. Il ne m'a pas fallu un effort surhumain pour le faire, ton charme et ta beauté ont fait le nécessaire. Du sommet de ces géantes de pierre, nous avons contemplé ensemble tes paysages. Ceux que j'aime parce que j'y habite, et les autres que tu habites aussi. Je devrais dire : que tu possèdes. Parce que tu les as faits. Ton prénom est celui de la joie, et de la grandeur. Il recèle les secrets de quinze siècles d'histoire, depuis que tu es née d'un mariage particulier. Dans l'humilité d'un baptême tu as été faite fille aînée, fruit d'une alliance entre la Terre et le Ciel. De quel destin prodigieux peux-tu te prétendre pour réclamer cet honneur ? Je ne sais. Mais il t'engage et t'oblige.

Et puis, j'ai grandi avec toi. Il m'a fallu arpenter tes chemins, gravir tes sommets, longer tes rivages, explorer tes forêts, pour embrasser toute ta noblesse. Tu m'as rendu heureux, comme des millions d'autres, en nous offrant un jardin. Le plus beau après celui du Ciel, tapissé de bannières tricolores et fleuri de lys d'or. Surtout, malgré toi, tu m'as réconcilié. En me poussant jusqu'au bout, en me jetant tout entier dans les terribles réalités que tu caches, j'ai découvert le véritable goût de l'abandon. Pour d'abord accepter ce que tu as à me donner, et ensuite l'offrir à Celui qui nous a créés. Dans un enfouissement tout féminin, tu portes en toi la profondeur d'une civilisation. Les Hommes qui t'ont faite l'ont construite pierre par pierre, te nourrissant du lien indéfectible entre les misères terrestres et l'Espérance d'un paradis.

Mais de ce lien aujourd'hui tu t'es coupée. C'est ton orgueil qui a pris le dessus. Je l'ai lu dans tes yeux. Je l'ai senti aux tremblements de tes membres et aux frémissements de tes tempes. Depuis trop longtemps ton regard saute et esquive. Moi aussi j'ai du mal à le fixer. Tu t'éloignes souvent, pour timidement toujours revenir. Dans un mouvement incessant, tu tortilles tes cheveux pour les replacer, signe d'une intense hésitation qui t'habite. Tu crois que je ne l'ai pas remarqué ? Je sais que tu cherches la paix. Celle qui t'a si longtemps habitée lorsque tu reconnaissais ta propre légitimité. Aujourd'hui livré à des errements douloureux, ton cœur est brisé, ta mémoire salie et ton âme détruite. Ceux qui jouent avec ton orgueil en ont parfaitement conscience. Mais, ils ne le savent pas encore, leur sombre besogne se consumera d'elle-même. Il y a au fond de toi une petite lumière, une graine de foi, un souffle de grandeur. Je le sais, je l'ai vu.

Alors, en un regard, je t'ai offert ma loyauté. Tu l'as prise et l'as emportée. Ce sera ta recrue la plus fidèle. Même si tu sembles ne pas savoir quoi en faire. Il ne tient qu'à toi d'y répondre.

Aujourd'hui tu possèdes mon cœur, demain je régnerai sur le tien. Face aux horreurs du monde, j'ai trouvé mon refuge dans tes yeux. Quand on y plonge, on découvre la douceur provençale, la majesté alpine, les rêves normands, les folies occitanes, la franchise auvergnate, le pragmatisme alsacien… Autant de trésors et merveilles qui habitent ton territoire et nourrissent tes légendes. Tout en toi bouillonne d'énergie. Mais tu ne sais plus vers quoi la diriger. Tes enfants te guettent, prêts à s'engager. Il ne leur manque qu'un idéal, que tu dois leur proposer.

Peut-être qu'un jour tu reprendras le goût de ta destinée. Moi je n'ai rien à t'offrir ni à te promettre. Seulement la souffrance de nos combats. C'est ce qui me rend heureux, et ce qui te fait belle. Je veux simplement passer du temps à tes côtés, te donner ma vie. Et, si tu l'acceptes, alors j'aurai le droit à ton sourire définitif. Celui d'une alliance renouvelée, et d'une promesse d'éternité.

Les cathédrales et sanctuaires que j'ai visités...

Abbaye Sainte-Madeleine du Barroux
Cathédrale Saint-Siffrein de Carpentras
Cathédrale Notre-Dame-des-Doms d'Avignon
Abbaye Saint-Michel de Frigolet
Collégiale royale Sainte-Marthe
Cathédrale Saint-Trophime d'Arles
Abbatiale de Saint-Gilles du Gard
Cathédrale Notre-Dame-et-Saint-Castor de Nîmes
Cathédrale Saint-Nazaire de Béziers
Cathédrale Saint-Étienne d'Agde
Cathédrale de la Maguelone de Montpellier
Cathédrale Saint-Pierre de Montpellier
Basilique des Saintes-Maries-de-la-Mer
Cathédrale la Major de Marseille
Basilique Notre-Dame-de-la-Garde de Marseille
Cathédrale Saint-Sauveur d'Aix-en-Provence

Basilique Sainte-Marie-Madeleine
de Saint-Maximin-la-Sainte-Baume

Monastère Saint-Joseph-du-Bessillon de Cotignac

Cathédrale Notre-Dame-de-la-Seds de Toulon

Monastère Notre-Dame-de-Clémence de la Verne

Cathédrale Notre-Dame-et-Saint-Léonce de Fréjus

Cathédrale Notre-Dame-du-Puy de Grasse

Abbaye de Lérins

Cathédrale Notre-Dame-
de-l'Immaculée-Conception d'Antibes

Cathédrale Notre-Dame-de-la-Nativité de Vence

Cathédrale Sainte-Réparate de Nice

Cathédrale Saint-Nicolas de Nice

Cathédrale Saint-Nicolas de Monaco

Cathédrale Saint-Michel de Sospel

Cathédrale Notre-Dame-de-l'Assomption d'Entrevaux

Cathédrale Notre-Dame-de-l'Assomption de Senez

Cathédrale Notre-Dame-du-Bourg de Digne-les-Bains

Cathédrale Saint-Jérôme de Digne-les-Bains

Cathédrale Notre-Dame-des-Pommiers de Sisteron

Cathédrale Notre-Dame-et-Saint-Arnoux de Gap

Basilique Notre-Dame du Laus

Cathédrale Notre-Dame-du-Réal d'Embrun

Sanctuaire Notre-Dame de la Salette

Cathédrale Notre-Dame de Grenoble

Abbaye Notre-Dame de Triors

Cathédrale Saint-Apollinaire de Valence

Cathédrale Saint-Maurice de Vienne
Cathédrale Saint-Charles-Borromée de Saint-Étienne
Primatiale Saint-Jean-Baptiste de Lyon
Basilique Notre-Dame-de-Fourvière de Lyon
Cathédrale Saint-François-de-Salle de Chambéry
Cathédrale Saint-Pierre d'Annecy
Abbaye royale d'Hautecombe
Cathédrale Saint-Jean-Baptiste de Belley
Monastère royal de Brou
Cathédrale Notre-Dame-de-l'Annonciation de Bourg-en-Bresse
Cathédrale Saint-Vincent de Mâcon
Abbaye Saint-Philibert de Tournus
Cathédrale Saint-Vincent de Chalon-sur-Saône
Cathédrale Saint-Lazare d'Autun
Cathédrale Saint-Bénigne de Dijon
Cathédrale Saint-Mammès de Langres
Cathédrale Saint-Jean de Besançon
Cathédrale Saint-Pierre-Saint-Paul-et-Saint-André de Saint-Claude
Cathédrale Saint-Christophe de Belfort
Cathédrale Saint-Dié de Saint-Dié-des-Vosges
Cathédrale Notre-Dame de Strasbourg
Cathédrale Saint-Étienne de Metz
Cathédrale Notre-Dame-de-l'Annonciation de Nancy
Cathédrale Saint-Étienne de Toul

Basilique Sainte-Jeanne-d'Arc de Domrémy
Cathédrale Notre-Dame de Verdun
Basilique Notre-Dame de L'Épine
Cathédrale Saint-Étienne de Châlons-en-Champagne
Cathédrale Notre-Dame de Reims
Cathédrale Notre-Dame de Laon
Cathédrale Notre-Dame de Noyon
Basilique Saint-Quentin de Saint-Quentin
Cathédrale Notre-Dame-de-Grâce de Cambrai
Cathédrale Notre-Dame-de-la-Treille de Lille
Cathédrale Notre-Dame-de-l'Assomption-
et-Saint-Vaast d'Arras
Cathédrale Notre-Dame d'Amiens
Cathédrale Saint-Pierre de Beauvais
Basilique cathédrale Saint-Denis de Saint-Denis
Cathédrale Saint-Louis des Invalides
Cathédrale Notre-Dame de Paris
Cathédrale Saint-Louis de Versailles
Cathédrale Sainte-Geneviève-
et-Saint-Maurice de Nanterre
Cathédrale Saint-Maclou de Pontoise
Cathédrale Notre-Dame de Rouen
Cathédrale Notre-Dame du Havre
Cathédrale Sainte-Croix d'Orléans
Cathédrale Saint-Louis de Blois
Cathédrale Saint-Gatien de Tours
Cathédrale Saint-Pierre de Poitiers

Abbaye Notre-Dame de Fontgombault
Cathédrale Notre-Dame de Chartres
Chapelle et nécropole royale de Dreux
Cathédrale Notre-Dame d'Évreux
Cathédrale Saint-Pierre de Lisieux
Cathédrale Notre-Dame de Bayeux
Cathédrale Notre-Dame de Sées
Cathédrale Saint-Julien du Mans
Cathédrale Notre-Dame-de-la-Trinité de Laval
Basilique Notre-Dame de Pontmain
Basilique Saint-Gervais d'Avranches
La cathédrale disparue d'Avranches
Abbaye du Mont-Saint-Michel
Cathédrale Saint-Samson de Dol-de-Bretagne
Cathédrale Saint-Tugdual de Tréguier
Cathédrale Saint-Paul-Aurélien
de Saint-Pol-de-Léon
Cathédrale Saint-Vincent de Saint-Malo
Cathédrale Saint-Pierre de Rennes
Cathédrale Saint-Pierre de Vannes
Basilique Sainte-Anne de Sainte-Anne-d'Auray
Cathédrale Saint-Corentin de Quimper
Cathédrale Saint-Maurice d'Angers
Basilique Saint-Louis-Marie-Grignion-de-Montfort
de Saint-Laurent-sur-Sèvre
Cathédrale Notre-Dame-de-l'Assomption de Luçon
Cathédrale abbatiale Saint-Pierre de Maillezais

Cathédrale Saint-Louis de La Rochelle
Cathédrale Saint-Pierre de Saintes
Cathédrale Saint-Pierre d'Angoulême
Cathédrale Saint-Front de Périgueux
Cathédrale Saint-André de Bordeaux
Basilique Saint-Sauveur de Rocamadour
Cathédrale Saint-Alain de Lavaur
Cathédrale Sainte-Cécile d'Albi
Cathédrale Notre-Dame-de-l'Assomption de Rodez
Cathédrale Notre-Dame-de-la-Sède de Tarbes
Basilique de l'Immaculée-Conception de Lourdes
Cathédrale Saint-Étienne de Bourges
Cathédrale Notre-Dame-du-Puy du Puy-en-Velay
Cathédrale Notre-Dame-de-l'Assomption
de Clermont-Ferrand
Cathédrale Saint-Cyr-et-Sainte-Julitte de Nevers
Cathédrale Saint-Étienne de Sens
Cathédrale Saint-Pierre-et-Saint-Paul de Troyes
Cathédrale Saint-Étienne d'Auxerre
Basilique Sainte-Marie-Madeleine de Vézelay
Cathédrale Notre-Dame de Senlis
Cathédrale Saint-Étienne de Meaux

… et ceux qu'il me reste à voir

La Sainte-Chapelle

Basilique du Sacré-Cœur de Montmartre

Cathédrale de Créteil

Cathédrale Saint-Spire de Corbeil-Essonnes

Cathédrale de la Résurrection d'Évry

Cathédrale Saint-Gervais-et-Saint-Protais de Soissons

Basilique Notre-Dame d'Avioth

Basilique Notre-Dame-de-l'Immaculée-Conception de Boulogne-sur-Mer

Cathédrale Notre-Dame-de-Saint-Omer de Saint-Omer

Basilique Sainte-Trinité de Cherbourg-en-Cotentin

Cathédrale Notre-Dame de Coutances

Cathédrale Saint-Étienne de Saint-Brieuc

Cathédrale Saint-Pierre-et-Saint-Paul de Nantes

Cathédrale Saint-Étienne de Limoges

Cathédrale Notre-Dame de Tulle

Cathédrale Saint-Sacerdos de Sarlat-la-Canéda

Cathédrale Saint-Étienne de Cahors

Cathédrale Saint-Pierre de Saint-Flour

Cathédrale Notre-Dame-et-Saint-Privat de Mende

Cathédrale Saint-Jean-Baptiste de Bazas

Cathédrale Notre-Dame-de-l'Annonciation de Moulins

Basilique du Sacré-Cœur de Paray-le-Monial
Abbaye de Cluny

Cathédrale Saint-Pierre de Moûtiers

Cathédrale Saint-Jean-Baptiste de Saint-Jean-de-Maurienne

Cathédrale Saint-Vincent de Viviers

Cathédrale Notre-Dame de Saint-Paul-Trois-Châteaux

Cathédrale Notre-Dame-de-Nazareth de Vaison-la-Romaine

Cathédrale Notre-Dame-de-Nazareth d'Orange

Cathédrale Saint-Jean-Baptiste d'Alès

Cathédrale Saint-Théodorit d'Uzès

Cathédrale Sainte-Anne d'Apt

Cathédrale Notre-Dame-du-Bourguet de Forcalquier

Cathédrale Notre-Dame-de-l'Assomption de Riez

Cathédrale Saint-Fulcran de Lodève

Abbaye de Gellone de Saint-Guilhem-le-Désert

Cathédrale Saint-Caprais d'Agen

Abbaye Sainte-Marie-de-la-Garde

Cathédrale Saint-Gervais-et-Saint-Protais de Lectoure

Cathédrale Sainte-Marie d'Auch

Cathédrale Saint-Étienne de Toulouse

Cathédrale Saint-Benoît de Castres

Cathédrale Sainte-Marie de Lombez

Cathédrale Saint-Jean-Baptiste d'Aire-sur-l'Adour

LES CATHÉDRALES ET SANCTUAIRES QUE J'AI VISITÉS...

Chapelle Notre-Dame-du-Rugby
de Larrivière-Saint-Savin

Cathédrale Notre-Dame de Dax

Cathédrale Sainte-Marie de Bayonne

Cathédrale Notre-Dame-de-l'Assomption de Lescar

Cathédrale Sainte-Marie d'Oloron-Sainte-Marie

Cathédrale Sainte-Marie de Saint-Bertrand-
de-Comminges

Cathédrale Saint-Lizier de Saint-Lizier

Cathédrale Saint-Antonin de Pamiers

Cathédrale Saint-Maurice de Mirepoix

Abbaye-cathédrale de Saint-Papoul

Cathédrale Saint-Michel de Carcassonne

Basilique Saint-Nazaire de Carcassonne

Cathédrale Saint-Just-et-Saint-Pasteur de Narbonne

Basilique-cathédrale Saint-Jean-Baptiste
de Perpignan

Cathédrale Sainte-Eulalie-et-Sainte-Julie d'Elne

Cathédrale Santa Maria Assunta d'Ajaccio

Cathédrale Santa Maria Assunta de Bastia

Cathédrale de la Canonica de Bastia

Cathédrale Saint-Jean-Baptiste de Calvi

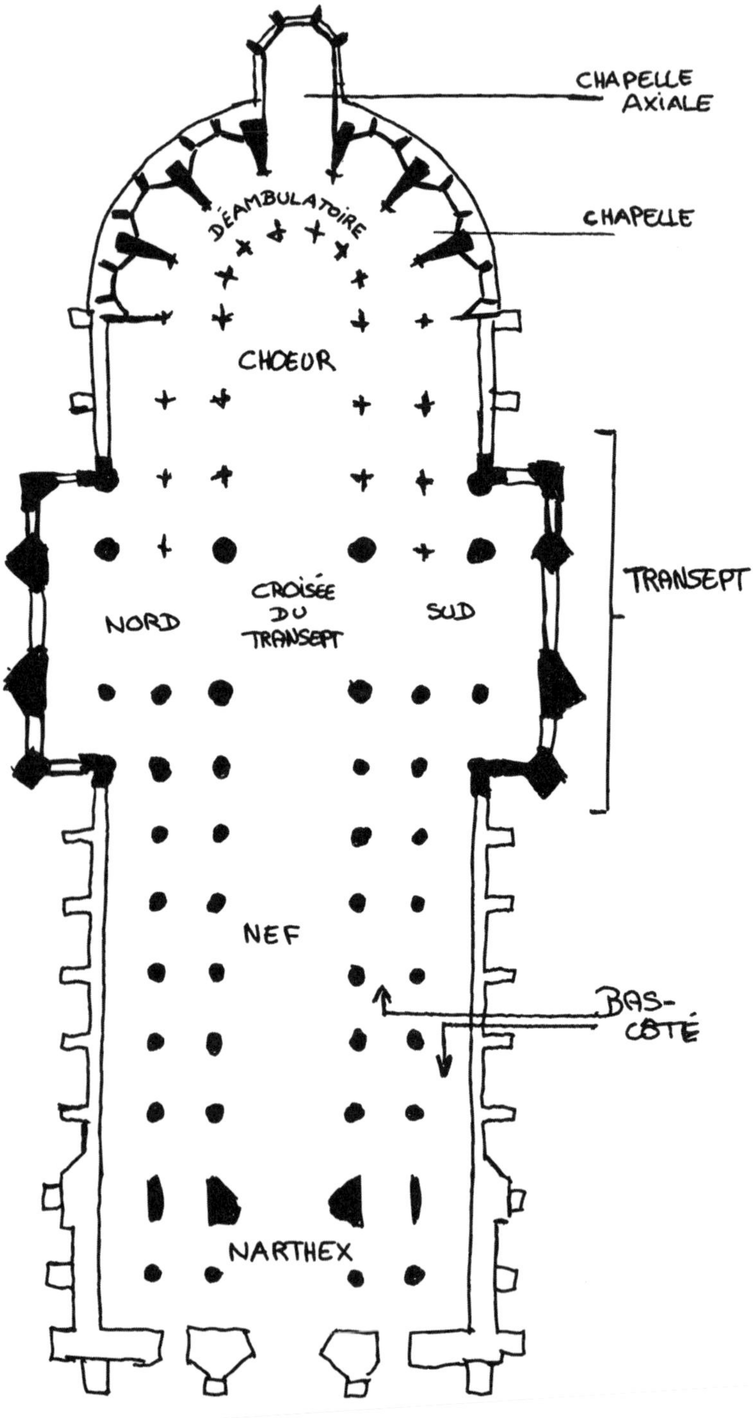

Plan type cathédrale

Petit lexique

Abside : tête de l'église en demi-cercle située derrière le chœur.

Arc-boutant : maçonnerie en forme d'arc qui soutient un mur de l'extérieur.

Autel : situé au centre de l'église, l'autel est la pierre la plus sacrée de la cathédrale. Point de jonction entre Dieu et les Hommes, c'est sur cette table que le prêtre célèbre le sacrifice du Christ par l'Eucharistie.

Basilique : titre honorifique donné par le pape à certains sanctuaires.

Cathédrale : église dans laquelle se trouve le siège de l'évêque (la cathèdre) ayant la charge d'un diocèse.

Chapelle axiale : chapelle à l'arrière de la cathédrale, dans l'axe de la nef.

Chapiteau : bloc de pierre sculpté, mouluré ou orné qui coiffe le fût d'une colonne ou d'un pilier.

Châsse : reliquaire renfermant les reliques d'un saint.

Chœur : partie de l'église où est célébrée la messe.

Claire-voie : élément architectural composé de vides réguliers permettant à la lumière et à l'air de passer à travers comme une clôture ou une balustrade.

Crypte : chapelle souterraine, placée en général sous le chœur, où étaient déposées les reliques d'un saint.

Déambulatoire : galerie de circulation entourant le chœur.

Gargouille : conduit en pierre sculptée destiné à rejeter les eaux de pluie loin des murs.

Gothique : style répandu en Europe du XIIe au XVIe siècle entre le style roman et le style Renaissance.

Jubé : clôture séparant le chœur de la nef.

Nef : corps principal d'une cathédrale ; elle est comprise entre la façade et le chœur. Ressemble à la nef renversée d'un navire.

Ogive : arc diagonal sous une voûte gothique.

Porche : élément architectural placé devant la façade de la cathédrale afin de protéger les fidèles et les sculptures des intempéries.

Portail : ensemble architectural de la façade d'une cathédrale, comprenant la porte.

Reliquaire : coffret précieux renfermant des reliques d'un saint.

Roman : période architecturale qui va du Xe au XIIe siècle.

Rosace : vitrail circulaire de grande taille orné d'un entrelacs en forme de grande rose.

Stalles : sièges de bois, généralement sculptés, situés de part et d'autre du chœur et réservés aux chanoines.

Transept : nef transversale qui coupe la nef principale et donne à la cathédrale une forme de croix.

Travée : partie de la nef située entre deux colonnes ou deux piliers.

Triforium : galerie étroite à ouvertures. Il s'ouvre sur la nef.

Remerciements

Il me faut profiter de ces dernières pages pour remercier ici tous ceux qui, de près ou de loin, ont participé à la réussite de cette aventure, et à celle de la seconde, plus discrète mais non moins difficile, et dont vous tenez le résultat entre les mains, écrire ce livre.

Je ne pourrai citer tout le monde. Nombreux sont ceux que j'ai rencontrés ces deux dernières années, et qui m'ont nourri. Par leur exemple, leur bonté, leur accueil, leurs conseils.

Les premiers sur cette liste sont évidemment mes parents. Leur amour et leur soutien furent inconditionnels, malgré une angoisse bien réelle pour le chemin que j'ai décidé de prendre, et dont personne au départ ne voyait la fin. Accompagné de mes frères et sœurs et de mes grands-parents, j'ai grandi dans un cocon familial qui fut toujours d'un grand réconfort.

Merci aussi à mes amis. Ils se reconnaîtront. Tous ceux qui, depuis des années, nourrissent mon ambition et me poussent dans la bonne direction. Il ne faut pas sous-estimer la puissance des aventures partagées, des soirées sous les étoiles, des discussions profondes, improvisées au détour d'un bar, d'une plage, d'un creux de montagne, d'un couloir de la fac.

Je souhaite aussi remercier mes éditrices, Lise Boëll, Estelle Cerutti, Héléna Capdevielle, et toute la maison Fayard, de leur patience et leur soutien dans cette aventure exigeante mais exaltante qu'est l'écriture. Aussi, elle n'aurait pas été possible sans le travail rigoureux d'Étienne de La Rochère, qui a accepté de se mettre au service du récit et de son message. L'apport de sa plume fut providentiel.

Un immense merci à Azélie Gauthier pour ses illustrations qui viennent magnifier le texte, et rendent parfaitement hommage à la beauté de nos paysages et de nos cathédrales.

Merci à toutes les équipes de Canal+, à travers leur directeur Gérald-Brice Viret, qui ont rendu possible la diffusion de cette aventure sur les petits écrans du public, déjà nombreux. Merci surtout à Deborah, Mickaël et Alexandre, les trois véritables aventuriers qui ont plongé, caméra au poing, sans broncher, dans l'univers des chemins de France et des cathédrales. Allant du fond des cryptes aux altitudes des clochers, nous avons développé tous les quatre une amitié qui me marquera à vie.

Merci à tous les services d'ordre, aux militaires, aux services médicaux, qui sont intervenus si rapidement et efficacement au moment du drame d'Annecy. J'ai une pensée particulière pour les familles et les enfants. Qu'ils soient assurés de mes prières constantes. Sans oublier les autres témoins qui sont aussi intervenus, et plus spécialement Lilian.

Toute cette histoire ne se serait pas si bien déroulée sans l'appui immédiat et sans faille d'oncle Arnaud et tante Anne-Laure chez eux à Annecy. Leur maison et leur tendresse furent sur le coup une grâce immense. Une partie de mon cœur y restera pour longtemps.

Merci à Jean-Baptiste Giraud d'avoir accepté au pied levé la mission délicate d'accueillir les assauts médiatiques. Dans l'univers des gestions de crise de communication, le cas d'Annecy, sous sa supervision, est un véritable cas d'école.

Un grand merci à tous les Français qui m'ont accueilli, transporté, logé et nourri pendant neuf mois. C'est eux le véritable cœur de mon aventure. Ce sont nos moments partagés qui constituent la chair et le goût de ma démarche. Sans eux, nos cathédrales de pierre n'auraient pas eu la même saveur : ils en sont l'âme.

Je ne peux oublier l'accueil inconditionnel de tous les prêtres, religieux et religieuses. Leur présence dans le monde, au cœur vivant de la société, ou dans le silence de la solitude, est notre garantie pour retrouver une verticalité. La bienveillance des acteurs du patrimoine et de ceux qui ont la garde matérielle de nos cathédrales m'a beaucoup touché. Ils ont tous accepté de participer à cette œuvre de transmission de l'héritage dont ils ont la charge.

Cette œuvre prend sa source chez deux inspirateurs. D'abord Philippe de Villiers, qui, sans le savoir, a forgé chez moi l'esprit des rêves incarnés. Mon cœur de Vendéen épouse son épopée puyfolaise. Comme nos chemins se sont croisés, il est devenu pour moi un soutien sans faille, mettant généreusement ses conseils et son temps au service de mon message.

Stéphane Bern est aussi un repère pour moi. Sa vision du patrimoine et son engagement pour sa sauvegarde me nourrissent. Je suis heureux de partager avec lui un même combat, et souhaite, avec d'autres, transmettre son héritage dans le temps.

Surtout, il me faut remercier tous ceux qui, de près ou de loin, ont participé à construire ce que je suis aujourd'hui. Ils sont trop nombreux pour être tous cités ici, éducateurs, inspirateurs, amis. Je les garde tous en mémoire, et je les assure de mes prières.

Enfin, cher lecteur, ma dernière expression de gratitude est pour vous. Vous avez le message entre vos mains. À vous de le faire vivre.

Le reste des remerciements s'adresse à ceux d'en haut. Le mot « merci » devient alors un chant de louange, et vient s'incarner au-delà de ces simples pages.

Table

Achevé d'imprimer en décembre 2024
sur les presses de Normandie Roto Impression s.a.s.
61250 Lonrai (Orne)
pour le compte des éditions Fayard
13, rue du Montparnasse, 75006 Paris
info-fayard@editions-fayard.fr

Composition et mise en pages
Nord Compo à Villeneuve-d'Ascq

PAPIER CERTIFIÉ

fayard s'engage pour l'environnement en réduisant l'empreinte carbone de ses livres. Celle de cet exemplaire est de : 350 g éq. CO_2 Rendez-vous sur www.fayard-durable.fr

N° éditeur : 40.8840.5/05 N° d'impression : 2406049
Imprimé en France